Reprint Publishing

Für Menschen, Die Auf Originale Stehen.

www.reprintpublishing.com

Die

Technik der Bildhauerei

oder

Theoretisch-praktische Anleitung

zur

Hervorbringung plastischer Kunstwerke.

Zur Selbstbelehrung sowie zur Benützung in Kunst- und Gewerbeschulen.

Von

Eduard Uhlenhuth,

Bildhauer des Friedrich-Denkmals in Bromberg, des Ritter-Denkmals in Quedlinburg und verschiedener anderer öffentlicher Werke.

Mit 33 Abbildungen.

Wien. Pest. Leipzig.
A. Hartleben's Verlag.
1893.
(Alle Rechte vorbehalten.)

Druck von Friedrich Jasper in Wien.

Vorwort.

Das vorliegende Werk ist dem jungen Bildhauer gewidmet, damit es ihm bei seiner Ausbildung nütze und ihn fördere. Es ist darin kurz und hoffentlich genügend klar angegeben, was der angehende Künstler an mechanischen Fertigkeiten und theoretischen Kenntnissen nöthig hat. Von leichten Arbeiten ist zu schwereren überzugehen. Die Beschäftigung mit der Herstellung von Bauornamenten ist nicht geringschätzig anzusehen. Allmählich folgt die Darstellung kleiner Reliefmedaillons, die Büste und die Statuette. Beim künstlerischen Schaffen ist ein bestimmtes Wissen stille Voraussetzung. Dahin gehört vornehmlich die Bekanntschaft mit dem Bau des menschlichen Körpers, die Lehre vom Knochenbau und den bewegenden Muskeln, sowie die Lehre von den Proportionen des normalen Menschenkörpers. Diese Dinge sind gleichsam das A B C des jungen Bildhauers; ohne diese kann er nichts Correctes schaffen, mit demselben aber wird er rasch seine Figuren aufbauen können, um sie demnächst beim Vergleich mit der lebenden Natur zu vollenden.

Aber auch gewisse ästhetische Grundbegriffe müssen dem angehenden Künstler klar vor Augen sein, weshalb ich mich besonders freue von einem Kunstästhetiker ersten Ranges, dem Herrn Dr. Max Schasler, einen Abschnitt einfügen zu können, welcher im hohen Grade der Beherzigung bei Kunstschöpfungen werth ist. Er ist mit gütiger Erlaubniß vom Autor und Verleger dem LVI. Bande des »Wissens des Gegenwart«, Leipzig, Wien, Prag, Verlag von Freitag und Tempski, entnommen. Ueber einige, der Plastik nahe verwandten, Techniken habe ich das Wichtigste angeführt und das Werk mit einem kurzen Geschichtsabriß vom Leben und Schaffen unserer neueren großen Plastiker geschlossen. Möge an ihrer gewaltigen Schöpferkraft das Streben des jungen Bildhauers sich halten und aufrichten.

Quedlinburg.

Ed. Uhlenhuth.

Inhalt.

	Seite
Vorwort	III

Erster Abschnitt.
Technik der Bildhauerei.

	Seite
Werkzeuge (mit Figur 1 und 2)	3
Thon als plastisches Material	5
Zurichten des Thones	7
Modellirwachs-Bereitung	8
Die Bildhauerwerkstatt. Das Atelier	9
Der Modellirstuhl (mit Figur 3 und 4)	10
Ziehen von Rahmen, architektonischen Gliedern und Schablonen (mit Figur 5 bis 10)	13
Modellirung eines Reliefmedaillons (mit Figur 11 und 12)	22
Modellirung einer Büste nach der Natur (mit Figur 13 u. 14)	25
Ueber den Gesichtsausdruck	31
Modellirung einer Statuette, einer ganzen Figur (mit Fig. 15 bis 18)	34
Das Anschneiden des Rumpfes und der unteren Glieder	35
Anlage größerer monumentaler Werke	39
Das Gewandmodell	42
Mechanische Arbeiten (mit Figur 19)	47

	Seite
Das Formen und Gießen einer Büste (mit Figur 20)	54
Form und Guß einer Statuette	57
Fertigstellung der Gypsabgüsse	59

Zweiter Abschnitt.

Theorie der Bildhauerei.

Allgemeines über plastische Darstellung	63

Dritter Abschnitt.

Anatomisches Wissen des Bildhauers.

Die Muskulatur des menschlichen Körpers, soweit sie an die Oberfläche tritt	93
Muskulatur am Kopfe	93
Die Muskeln am Halse	94
Die Muskeln des Rumpfes oder Torsos	95
Die hintere Körperseite	95
Die Muskeln des Armes	96
Die Muskeln der Beine	97
Figurentafeln zur Anatomie (Fig. 21—32)	99
Die Proportionen des menschlichen Körpers	111
Figurentafeln zur Proportion (Fig. 33)	114

Vierter Abschnitt.

Kunsttechnisches.

Das Treiben in Metall	119
Steinschneiden	121
Das Medaillenschneiden	122
Das Schneiden in Elfenbein	124
Marmor-, Sandstein- und Holz-Bildhauerei	125

Inhalt. VII

Seite

Fünfter Abschnitt.

Kunstgeschichtliches.

Die bedeutendsten Plastiker (Bildhauer) der neueren Zeit 131
    Johann Heinrich Dannecker 131
    Johann Gottfried Schadow 132
    Albert (Bertel) Thorwaldsen 135
    Christian Daniel Rauch 138
    Ernst Rietschel 140
    Antonio Canova 142
    Ludwig Schwanthaler 144
Rauchs Schule 147
    Friedrich Drake 147
    Hermann Schievelbein 147
    Gustav Bläser 147
    August Kiß 147
    Bernhard Afinger 148
    Albert Wolff 148

Anmerkungen 149
Namen- und Sachregister 151

Erster Abschnitt.

Technik der Bildhauerei.

Werkzeuge.

Das Werkzeug des Bildhauers ist im hohen Grade einfach, weil es nur zur Bearbeitung weicher, bildsamer Stoffe gebraucht wird. Das natürliche und zugleich vorzüglichste Werkzeug ist die Hand und an ihr werden Daumen und Zeigefinger am meisten in Anspruch genommen. Die sogenannten Modellirhölzer sind im Grunde genommen nur verlängerte Finger, denen man nach verschiedenen Zwecken die entsprechenden Formen gegeben hat. Die einfachste Form ist die in Fig. 1 angezeigte. An dem einen Ende ist das Holz lang geschwungen, an dem anderen breit spatelförmig gearbeitet. Alle Modellirhölzer haben zwei benutzbare Enden. In der Mitte sind sie rund, so daß sie sich leicht und schnell in der Hand umdrehen und von beiden Enden gebrauchen lassen. Um sie nun in dem weichen und nassen Thon fortwährend benutzen zu können, dürfen sie das Wasser nicht einziehen lassen; müssen also aus einem harzreichen Holze gefertigt sein. Man wendet daher allgemein das feste Buchsbaumholz an, wie es der Drechsler gebraucht. Vom Tischler läßt man sich 20—25 Cm. lange, fingerstarke Streifen schneiden und bearbeitet sie mit Raspel und Feile zu der gewünschten Form, wobei man also immer darauf zu achten hat, daß das Holz in der Mitte einigermaßen rund, an den Enden aber geschweift ist. Hat man die Form erreicht, so wird das Holz mit Glas sauber abgezogen und mit Firniß, welcher in das Holz eindringt, abgerieben. Die Modellirhölzer sind aber auch in den Handlungen mit Mal- und Zeichenutensilien zu kaufen. Die Größe der Modellirhölzer richtet sich nach der Arbeit, die damit geleistet werden soll. Für große Flächen braucht man

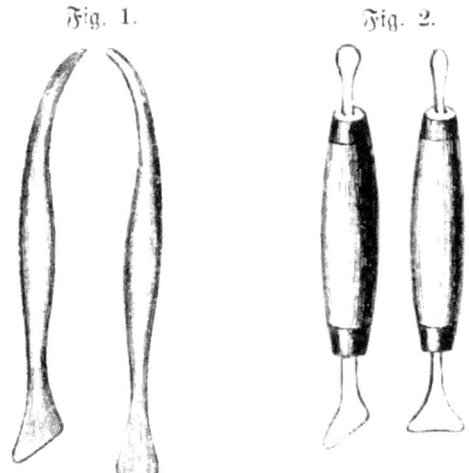

Fig. 1.   Fig. 2.

große Werkzeuge, für kleine Modellirungen können sie kleiner sein; doch thut man gut, von vornherein sich nicht an Führung zu kleiner Hilfsmittel zu gewöhnen, weil dadurch die ganze Behandlung leicht kleinlich werden kann.

Neben diesen massiven Modellirhölzern, mittelst deren die Formen im weichen Thon durch Druck oder Schieben hervorgebracht werden, hat man zur Bearbeitung großer Flächen noch schneidende Werkzeuge: Ein starker Eisendraht ist in eine Schlinge (Fig. 2) gebogen oder hat die Form eines Dreieckes bekommen; die Enden des Drahtes sind in eine hölzerne Handhabe festgeschlagen, so daß die Form des Drahtes einen mäßigen Druck aushält. Hat man den Draht ein wenig angeschärft, so sieht man leicht ein, daß man mit dieser Vorrichtung aus dem weichen Thon leicht beliebige Formen herausschneiden kann, und zwar ohne großen Druck, weil die zu entfernende Thonmasse leicht durch die Schlinge gleitet und wegfällt.

Für Arbeiten in Wachs sind die Werkzeuge meist kleiner, aber sonst von derselben Form. Als Material zu den Modellirhölzern eignet sich hierbei Knochen besser als Holz, weil sich daraus feinere, zartere Formen herstellen lassen. Mit Hilfe scharfer Raspeln kann man sich auch hier aus den vorgeschnittenen schmalen Platten leicht die gewünschte Form herstellen. So hat man dann ein Werkzeug, das sich von Wachs frei halten läßt und das Herstellen kleiner Gold= und Silberarbeiten außerordentlich erleichtert.

Thon als plastisches Material.

Der Thon, wie er in der Natur vorkommt, läßt sich nur in seltenen Fällen ohneweiters zum Modelliren verwenden; er ist meistens zu unrein. Vornehmlich ist es ein Ueberschuß an feinerem und gröberem Sand, der ihn unbrauchbar macht. Der Sand nun muß durch Schlämmen beseitigt werden. Da dieser Schlämmproceß im ausgedehnten Maße in Porzellan= und Steingutfabriken vorgenommen wird, so thut man wohl, den Thon daher zu beziehen —

der Centner wird ungefähr mit M. 1.— bis 1.50 berechnet werden. Es ist durchaus nothwendig einen möglichst fetten Thon zu verarbeiten, d. h. einen Thon, der nur wenig Sand enthält; ganz sandfrei darf er nicht sein, weil eine gewisse Menge Sandbeimischung nöthig ist, um ihn Wasser leicht aufnehmen zu lassen, wodurch er feucht und somit bildsam bleibt. Zu fetter Thon läßt, wenn er während der Bearbeitung längere Zeit gestanden hat und etwas getrocknet ist, das aufgesprengte Wasser zu leicht ablaufen, es wird daher nur die Oberfläche benetzt und ein wirksames Arbeiten verhindert; ein allzu magerer Thon läßt das Wasser zu leicht und zu tief eindringen, wodurch vorspringende Theile des Modells leicht in Gefahr kommen sich abzulösen. Wohl einem jeden Bildhauer ist es schon begegnet, daß er am anderen Morgen beim Aufdecken seines am Abend zuvor etwas stark eingesprengten Modells einzelne Stücke abgerutscht erblickte. Es ist also beim Besprengen eines solchen Thones die größte Vorsicht nöthig. Ebenso mühsam als langweilig ist es aber auch, Thonmodelle in zu fettem Thone im heißen Sommer bearbeitungsfähig zu halten, selbst wenn sie stets feucht behangen werden.

Auch die Farbe kommt bei der Wahl des Modellirthones in Betracht. Der Thon kommt vor in Gelb, Roth, Blau, Grau, Schwarz u. s. w. in den verschiedensten Färbungen.

Ich habe gesehen, daß man in einzelnen Kunstindustrieorten, z. B. auf dem Thüringerwalde, in Sonneberg, in Bildhauerwerkstätten fast ganz schwarzen Thon benutzt, der allerdings außerordentlich plastisch ist und die feinsten Ausführungen wie in Wachs zuläßt; indeß ist man doch allgemein der Ansicht, daß ein guter Modellthon von heller

Farbe sein müsse, weil die Formen sich darin am klarsten darstellen lassen und sich somit der Grad der Vollendung am besten beurtheilen läßt. Bei einem dunklen Thon sieht man das erst nach dem Formen in Gyps und muß dann die Flächen noch nacharbeiten, dies soll man aber thunlichst vermeiden. Der Thon kommt auch in ganz weißer Farbe vor und ist dabei sehr bildsam.

Zurichten des Thones.

Um trockenen Thon in den bildsamen Zustand zu bringen, genügt es nicht, ihn mit viel Wasser auf einmal zu übergießen, nein, nur allmählich kann ihm das Wasser beigebracht werden. Zu diesem Zwecke wird der Thon zuerst in kleine haselnußgroße Stücke zerschlagen, auf der Diele ausgebreitet und mit Wasser vorsichtig übersprengt. Man wartet bis sich das Wasser eingezogen hat, und wiederholt das Sprengen so oft, bis man glaubt, daß der Thon hinlänglich Wasser aufgenommen hat, um bildsam zu sein. Dann wird er zusammengeknetet und zu Ballen geschlagen. Diese Ballen werden mit einem Messer in kleine Stücke zerschnitten, die wieder zusammengeknetet und noch einmal geschnitten werden. Ist der Thon so dreimal durchgearbeitet, wird er zum Gebrauche fertig sein.

Um den Thon aufzubewahren, hat der Bildhauer die sogenannten Thonkästen. Es sind dies Kisten mit einem

Deckel. Die Seitenwände sind entweder mit nassen Gyps=
platten ausgelegt oder aus gutdurchnäßtem Holze. In diesen
Thonkästen kann man auch kleine Modelle feucht erhalten,
ohne sie mit nassen Tüchern behängen zu müssen. Hat man
in der heißen Sommerszeit mehrere Modelle auf einmal
in Arbeit, so thut man daher gut, sich einen mit feuchten
Gypsplatten ausgelegten Schrank anzuschaffen, wo die
Modelle unbehangen während der Nacht hineingestellt werden
können. Man kann dann am folgenden Tage ungestört
weiterarbeiten. Für die Thonabfälle beim Modelliren hat
man ebenfalls kleine Kästchen, worin sie wieder angefeuchtet
werden.

Die Anschaffung solcher Kästen ist sehr billig und
einfach.

Modellirwachs=Bereitung.

Das natürliche gelbe Bienenwachs, wie auch das raf=
finirte weiße Wachs in Tafeln ist direct zum Modelliren
ungeeignet; denn es ist zu hart und spröde, namentlich in
kalter Jahreszeit. Es muß daher, um bildsam zu werden,
einen Zusatz erhalten und dieser ist das Terpentinharz. Die
Menge des Zusatzes ist abhängig von der Jahreszeit: im
Sommer weniger, im Winter mehr. Um Harz mit Wachs
zu vereinigen, schmilzt man zuerst das Wachs über einem
schwachen Kohlenfeuer oder einer Spiritusflamme in einem
irdenen Topfe bis es eben flüssig wird und thut etwa
$1/4 - 1/3$ des Gewichtes an Terpentinharz zu und läßt es

langsam unter Umrühren und bei schwacher Erwärmung
durchschmelzen. Glaubt man, daß dies genügend geschehen,
so giebt man etwas Zinnober hinzu und rührt ordentlich
um. Hierauf wird die Masse rasch aus dem Topfe in
einiger Höhe in ein Gefäß mit kaltem Wasser gegossen.
Hat sich die Masse so etwas abgekühlt, so wird sie
mit nassen Fingern ordentlich durchgeknetet und dann in
Stangen ausgeformt. Somit ist das Modellirwachs zum
Gebrauche fertig. Oefters wird nun ein weiterer Zusatz
dazugethan. Um die Masse zu vermehren, nimmt man Mehl
und Zinkweiß. Um sie bildsamer zu machen, wird Fett,
Talg und Oel vorgeschlagen, doch habe ich bei allen der=
artigen Versuchen gefunden, daß die Qualität des Wachses
leidet; denn Mehl= oder Zinkweißzusatz machen ihn in der
Folge hart und brüchig, und Fett und Talg machen ihn
schmierig. Höchstens sind ein paar Tropfen Oel als Zusatz
zu empfehlen, welches die allzu große Klebrigkeit des Wachses
mildern kann.

Die Bildhauer=Werkstatt. Das Atelier.

Der Arbeitsraum des Bildhauers muß vor Allem hoch
und hell sein. Das einfallende Licht muß ein stets ruhiges
sein. Daher ist es denn nothwendig, daß die Werkstatt nach
Norden gelegen ist und sie nur ein einziges breites Fenster
habe, welches bis zur Manneshöhe von unten gedeckt ist,
so daß das Licht möglichst unter einem Winkel von 45 Grad
einfällt. Außerdem muß der Raum auch einen kräftigen,

eisernen Kanonenofen haben, um nöthigenfalls bei Actstehen=
lassen die erforderliche Hitze erzielen zu können. Außer
einigen Tischen, Sesseln, Podien, Modellirstühlen bedarf
der Bildhauer für seine Werkstatt auch Repositorien, um
die Modelle, Skizzen aller Art, sowie die Gliederabgüsse,
kurz Alles, was bei der Arbeit gebraucht wird, schnell bei
Seite stellen zu können. Ferner muß Platz für die Thon=
und Gypskisten vorhanden sein. Sollen in der Werkstatt
überlebensgroße Figuren gearbeitet werden, so ist für den
Raum mindestens eine Höhe von 15—16 Fuß nöthig.

Der Modellirstuhl.

Für die Arbeiten des Bildhauers ist es durchaus noth=
wendig, daß dieselben im Stehen ausgeführt werden; denn
während der Maler ruhig vor seiner Staffelei sitzen kann,
muß der Bildhauer bald näher, bald ferner seine Arbeit
betrachten; er muß das vor ihm stehende Modell bald
rechts, bald links drehen, um die Wirkung seiner Ein=
drücke und Schnitte zu prüfen.

Soll eine Büste modellirt werden, so muß der Thon=
block etwas höher stehen als die Größe der Person, nach
der gearbeitet wird. Die bequemste Vorrichtung für diesen
Zweck giebt der sogenannte Modellirstuhl (Fig. 3). Es
ist dies gleichsam ein hoher, runder Tisch mit vier kräftigen
Füßen. Unter der Platte a befindet sich ungefähr einen Fuß
tiefer eine zweite Platte b. Beide Platten haben in der

Technik der Bildhauerei. 11

Mitte ein rundes Loch und durch diese beiden Löcher steckt man einen langen kräftigen Bolzen d, der am oberen Ende die eigentliche Tischplatte c hält. Diese Platte muß aus festem Holze bestehen und durch Querleisten gerade gehalten werden. Der Bolzen d ist mit Löchern versehen, so daß man mit Hilfe eines kleinen Pflockes die Höhe der Platte c beliebig vergrößern kann. Die Platte b kann auch als Ort für die

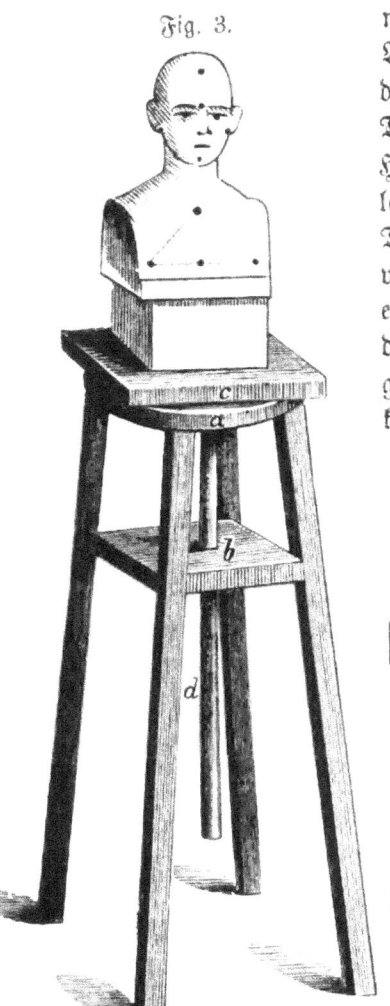

Fig. 3.

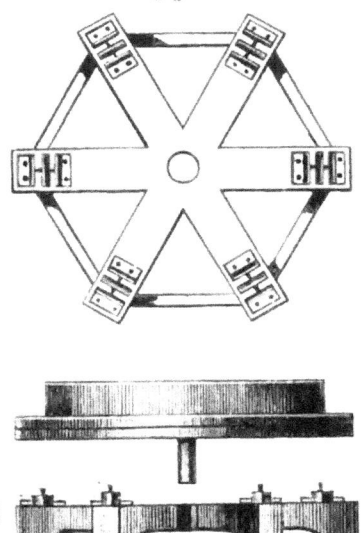

Fig. 4.

Werkzeuge während der Arbeit dienen. Um den Tisch beweglich zu machen, kann man an den Füßen Rollen anbringen, die sich umschlagen lassen, denn die Standfestigkeit darf nicht verringert werden.

Handelt es sich aber darum, größere und schwerere Modellmassen bequem von allen Seiten zu bearbeiten, z. B. ganze Figuren in Lebensgröße, so genügt der Modellirstuhl nicht mehr, man bedient sich dazu des sogenannten Dreh= werkes (Fig. 4). Es ist dies gleichsam eine ganz niedrige, drehbare Bodenplatte, die sich wohl verschieden construiren läßt, gewöhnlich aber folgende Einrichtung hat: Zwei kurze, schwache Balkenhölzer sind in der Mitte fest zusammen ge= blattet und nach unten an den vier Enden mit Fußklötzen versehen. An ihrer Oberseite sind etwa eine Hand breit von ihren Enden viereckige Löcher gemeißelt, in denen Rollen eingeschraubt sind. Auf diese Rollen nun legt sich eine Platte, die aus zwei durch Schrauben fest zusammen ge= haltenen Brettern besteht. In der Mitte hat diese Platte einen runden eisernen Zapfen, welcher in eine das Boden= kreuz durchsetzende runde Oeffnung genau eingepaßt ist. So ist man im Stande, diese Platte auf den unteren Rollen bequem zu bewegen, gleichviel ob eine große oder eine kleine Last darauf drückt, denn die Last wird nun von vier Punkten zugleich gestützt und gleitet leicht um ihre Axe. Um größere Sicherheit gegen Aufkanten zu erhalten, kann man sich leicht ein Bodenkreuz von drei Balken construiren lassen und sechs Gleitrollen darauf befestigen.

Ein solches Drehwerk kann noch für verschiedene Fälle verwendet werden. Hat man die Büste einer lebenden Person zu modelliren, so setzt man den Stuhl, auf welchem das Modell sitzen soll, auf das Drehwerk und kann so von allen Richtungen das Modell betrachten. Hat man einen Modellsteher für ganze Figur, so kann dieser auf das Drehwerk gestellt werden. Durch Drehung bekommt man die Ansichten aller Seiten, ohne daß der Modellsteher seine Körperstellung zu ändern braucht. Für Monumentalfiguren ist diese Art der Drehung unumgänglich nöthig.

Ziehen von Rahmen, architektonischen Gliedern mit Schablonen.

Die Porträtsrelief werden selten auf bloßer, ebener runder Platte in Gyps gegossen; vielmehr pflegt man fast allgemein sie mit einem angenehm profilirten Medaillonrahmen einzufassen, der mit dem Porträt zusammengeformt wird. Die Herstellung solcher Rahmen geschieht folgendermaßen: Man bestimmt zuerst den äußeren Halbmesser des Medaillons, trägt ihn auf ein schwaches Brettchen (Fig. 5) von festem Holze (Laubsägeholz) ab und schneidet dasselbe nach den vorgezeichneten Contouren aus. Dann nimmt man eine der Größe des Medaillons entsprechende, ebene (Fig. 6) Holzplatte und schlägt in der Mitte derselben einen Stift ohne Kopf. Dieser Stift giebt den Mittelpunkt für den Rahmen. Jetzt legt man auf die Platte gleichmäßig gearbeiteten Thon und bildet in der Richtung des Randes einen stärkeren Wulst. Dann setzt man die Schablone mit ihrem Mittelpunkte, der durch ein Loch gegeben ist, auf den Stift ein, und nun wird es einleuchten, daß durch wiederholte Umdrehungen, mit Ausbessern der nicht ausgefüllten Stellen, allmählich ein vollständig glatter Rahmen aus dem weichen Thon entstehen wird. Durch Aufspritzen von Wasser in feinen Tropfen macht man das Gleiten der Schablone geläufiger und schließlich wird man, wenn der Thon ohne

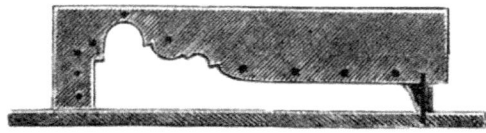
Fig. 5.

groben Sand und Steine ist, im Stande sein, einen tabellosen Medaillonrahmen herzustellen. Man läßt nun den Rahmen

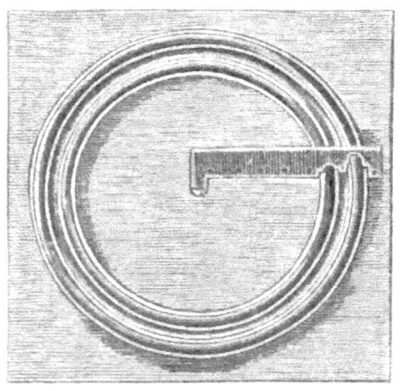
Fig. 6.

ein wenig trocknen, schneidet das ebenfalls noch weiche Relief von seiner Unterplatte, legt es mit größter Vorsicht in den Rahmen und hat nun das Porträtmedaillon vollständig in Thon vor sich. Hat man nun um den Rand einen Papp- oder Zinkstreifen gelegt, so ist es zum Gießen fertig. Der **Guß** geschieht in zwei Lagen, einer gefärbten und einer **ungefärbten**, wie es an anderer Stelle angegeben ist.

Solch' ein Medaillonrahmen kann aber in vorbeschriebener Weise auch direct gezogen werden, wenn man statt der Thonmasse auf die Platte frisch angerührten Gypsbrei aufgießt, innerhalb der Fläche in schwacher, für den Rand in starker Lage, und die Schablone in Umdrehung setzt. Man wird aber nach dem ersten Gypsaufguß nicht gleich einen sauberen Rahmen erreichen, nein, man muß vielmehr öfters Gyps darüber gießen, bis man die gewünschte Schärfe des Profils erreicht. Bei dieser Arbeit sind indeß einige Vorsichtsmaßregeln nöthig: der Gypsguß soll sich, ist er fertig, leicht von der Platte abnehmen lassen. Darum muß die Platte etwas eingefettet sein. Jetzt aber würde der Rahmen sich jedenfalls vor der Zeit lösen und von der Schablone bei der Umdrehung mitgenommen werden; um dies zu verhindern, hat man vorher in die Platte ein paar kleine Stiftchen geschlagen, an die Stelle, wo der Rand läuft. Diese Stiftchen verhindern das vorzeitige Ablösen, hindern aber nicht bei der späteren Abnahme; denn der Rahmen wird sich durch Unterschieben einer flachen Messerklinge leicht von der Platte lösen lassen.

Ganz dieselbe Vorsicht ist beim Ziehen gerader Glieder nöthig. Beim Abputz von Häuserfaçaden läßt sich häufig beobachten, wie die Maurer bei dieser Arbeit verfahren. Auch hier ist eine Schablonenplatte entweder aus bloßem Holze oder aus Eisenblech ausgeschnitten und auf einem Brette befestigt, welches sich als eine Art Schlitten zwischen zwei langen, festgeklammerten Leisten entlang schieben läßt. So wird dann die Schablone die Stuckmasse zu einer klaren Gliederung abstreifen. Hier bei dem Bildhauer, wo es sich um Herstellung frei abnehmbarer Glieder von Gyps handelt, verfährt man am besten folgendermaßen (Fig. 7): An einem langen

Brette, dessen Oberfläche vollständig eben gehobelt ist und durch eingeschobene starke Leisten gerade und eben erhalten wird, ist an der einen Langseite, dicht am Rande (mit) eine dünne vierkantige Leiste aufgenagelt oder aufgeschraubt, so daß ein Theil der Leiste über die Ebene des Brettes hinwegragt. Auf diesen Theil der Leiste paßt eine in den sogenannten Schlitten eingeschnittene Nuthe, so daß der Schlitten

Fig. 7.

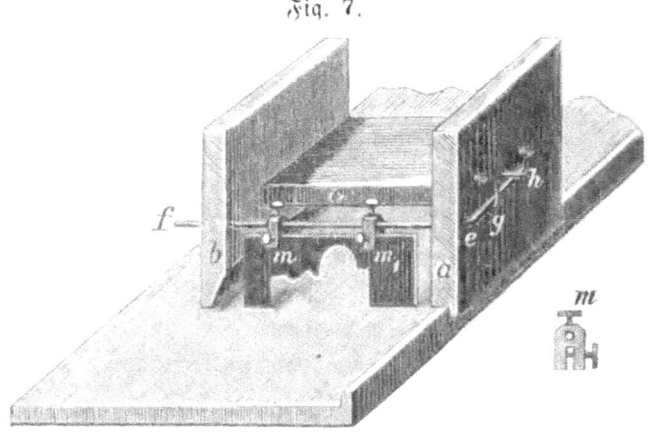

leicht, ohne zu wackeln, darauf hingleitet. Der Schlitten selbst besteht aus den Brettchen a und b, die durch das Brettchen c zusammengehalten werden, in a befindet sich die Nuthe. Durch a und b ist ein Eisendraht e f gesteckt, auf welchen sich zwischen a und b ein paar kleine Schraubenbolzen m und m_1 befinden, durch welche die Schablone s gehalten wird. Der Draht e f ist umgebogen und wird durch ein paar kleine Stiftchen g und h gehalten, so daß die Schablone ruhig bleibt. Die Schablone ist bei kleineren Arbeiten aus Zinkblech und mit Scheere und Feile ausgearbeitet.

Die architektonische Ornamentik nun ist die natürliche Vorbereitung zur eigentlichen Plastik. Die Ornamente der Architektur sind zunächst der Pflanzenwelt entnommen (Blätter, Ranken, Blüthen u. s. w.). Sie sind bestimmt, die starre tektonische Gliederung frisch zu beleben und mit einander zu verbinden. Es ist zuerst die Pflanzenwelt, der sich die besten Vorbilder entnehmen lassen. Das einfache Blatt mit seiner Berippung und Ausbuchtung wird in dem Epheublatte, in dem Blatte der Platane, des Ahorns, des Weines u. s. w. gegeben. Das Muster eines Rankenzuges geben die Zweigenden der Zaunwinde, das der einfachen Blüthe bietet die Teichrose mit ihren Knospen, von welcher die Juden und Aegypter ihre symbolischen Ornamente hernahmen. Aus der Rose ist leicht die Form der sogenannten Rosetten abzuleiten. Das Akanthusblatt mit seinen grotesken, scharfen Rippen und dem kühnen, schön geschwungenen Ueberfalle der Spitze liefert herrliche Motive zur Ausschmückung des hochragenden Capitäls. Will man sich also Modelle schaffen, so bietet die blühende Pflanzenwelt den ganzen Sommer hindurch zahlreiche Objecte, die man durch einen Gypsabguß sich zu eigen machen kann. Das Abformen geschieht nun folgendermaßen: Auf einer Holz- oder Schieferplatte breite man eine dünne Thonplatte aus, beschneide sie so, daß das Blatt auf sie aufgelegt werden kann, ohne seine natürliche Form einzubüßen. Die Unterlage von Thon soll dazu dienen, das Blatt das Gewicht des Gypses tragen zu lassen unbeschadet der Blattform und soll das Unterfließen des Gypses verhindern. Hierauf wird über Blatt und Unterlage eine dünne Gypslage gegossen. Nachdem diese erstarrt ist, nimmt man vorsichtig das Blatt von der Form ab, taucht diese in Wasser, so daß sie tropfnaß ist und gießt nun wieder Gyps in die Form. Ist der Einguß erstarrt, so wird die Form vorsichtig abgeschlagen, und ein sauberes Modell ist fertig. (Statt der Wasserform kann man eine gewöhnliche Form machen, welche mehr Ausgüsse gestattet.) Man kann auch so verfahren: man gießt auf das Blatt Gyps, unbekümmert ob es flach gedrückt wird, nimmt das Blatt, ehe der Gyps ganz hart geworden ist, heraus und macht dann, wenn der Gyps fest ist, einen sauberen Thonausdruck. Diesen Ausdruck beschneidet man nach der Form des betreffenden Blattes und giebt ihm die richtige Lage des Blattes durch Biegen. Dann formt man den Thonabdruck, wobei natürlicherweise ein Unterfließen ausgeschlossen ist.

Anmerkung: Diese so erhaltenen Modelle können vortheilhaft zu den ersten Uebungen im Nachbilden benützt werden, weil es jederzeit wichtig ist, auf die Natur zurückzukommen und ihre herrlichen Bildungen klar wiederzugeben.

Ist ein ornamentales Flachrelief herzustellen, z. B. eine Palmette oder eine Giebelacroterie, so handelt es sich zuerst darum, die Form derselben als Rohmodell in Gyps herzustellen. Für diesen Zweck breite man eine Thonplatte von der Stärke des gewünschten Reliefs auf einem Brette aus, lege die ausgeschnittene Zeichnung auf die Thonplatte und schneide nach den Contouren die Thonmasse heraus, so daß der zurückbleibende Thon die Hohlform des Rohmodells wird. Gießt man nun hier Gyps hinein, so hat man, nachdem der Thon fortgenommen, das Rohmodell, welches mit dem Meißel darauf nach den genauen Flächen vollendet wird. Soll eine Friesverzierung als Flachornament eines Gurtgesimses modellirt werden, so ist darauf zu sehen, daß die Windungen und Rankenzüge fest und gleichmäßig verlaufen.

Man zeichnet sich daher die Ansicht des Gesimses wieder auf Pappe und schneidet die Zeichnung aus. Dieser Ausschnitt wird auf ein ebenes Brett (mit Querleisten) geklebt und ordentlich schellackirt, so daß man, wenn der Thon aufgelegt ist, für die Contouren Führung behält und also die Ranken und Blumen in symmetrischer Lage bekommt. Bei solchen Friesen wird man, ebenso wie bei Rosetten, nur Theile modelliren, diese formen und die Ausdrücke aus der Form zu einem Ganzen zusammensetzen.

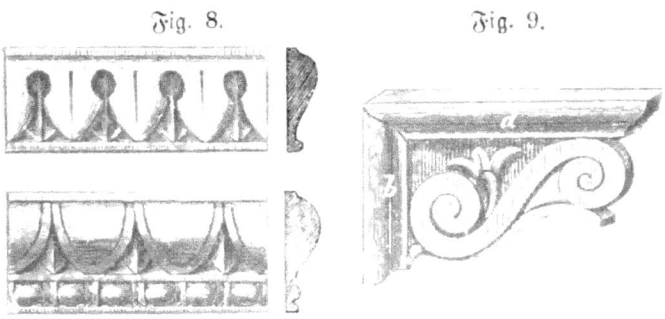

Fig. 8.   Fig. 9.

Die Modelle zur Herstellung fortlaufender Ornamente (Fig. 8) werden in der Regel nicht in Thon hergestellt mit bloßem Modellirholze. Um Genauigkeit und Schärfe zu erhalten, benutzt man den Meißel. Aus dem glatt in Gyps gezogenen Abschnitte, welchem das Profil mit der Schablone gegeben ist, schneidet man sie heraus, wie denn überhaupt alle verzierten Ornamente, wenn es auf absolute Geradheit der Flächen ankommt, direct aus Gypsblöcken herausgearbeitet werden.

Das runde Capitäl wird in seinen Grundflächen mit einer Schablone aus Gyps gezogen, die daran vorkommenden Ornamente werden, nachdem der Grundkörper schellackirt ist, um den Thon haften zu lassen, aufgesetzt und fertig modellirt. Dann formt man dieses Modell aus Gyps und Thon ab und erhält so ein Modell nur aus Gyps. Um ein Consol (Fig. 9) nach Zeichnung zu modelliren, verfährt man am einfachsten also: man läßt sich von einem Tischler die Ober=, d, und Rückplatte b nach angegebenem Profile aushobeln und rechtwinkelig zusammenfügen. Dann läßt man sich aus zwei dünnen Platten das Profil des Mittelstückes aussägen und befestigt sie parallel zu einander Der dazwischenliegende Raum wird mit Gyps ausgefüllt und über der äußeren Contour hin mit einer Ziehklinge abgestrichen. Nach Abnahme der beiden Seiten= bretter hat man in dem erstarrten Gypse den festen Block der Console. Dann werden an den Seiten= flächen die Schnecken aufgezeichnet und mit einem Meißel ausgeschnitten. Ebenso wird die Vorderseite behufs Aus= höhlung für das Akanthusblatt behandelt. Ist diese Arbeit vollendet, so bestreicht man den Grundkörper mit Schellack= lösung und modellirt in Thon das Akanthusblatt auf. Hat man dies gethan, so wird es wieder abgeschnitten, in Gyps gegossen, und wieder an seine Stelle auf das Consol gesetzt. Somit hat man das Consolmodell in Gyps.

Ein Capitälmodell (Fig. 10) wird in ähnlicher Weise hergestellt, nur macht es mehr Mühe, wenn es reich in Orna= mentirung gehalten werden soll, wie das z. B. bei einem ionischen Capitäl der Fall ist. Ein solches Capitäl läßt drei Haupttheile erkennen: 1. Die Oberplatte, gleichsam acht= eckig durch die Einbuchtungen der großen vier Seiten; 2. das runde Abschlußglied des Capitäls; 3. das runde Mittelstück. Bei dem letzten hat man die ausladenden Vo= luten, die ornamentirte Füllung zwischen je zwei Voluten, und den Blattkreis um den unteren Abschnitt. Es sind also sechs größere Einzelstücke darzustellen. 1. Die Deckplatte kann man sich aus Brettstücken machen lassen oder sich aus Gyps ziehen und auf Gehrung nach einem Grundriß zusammensetzen. 2. Die Platte über dem Säulenschafte läßt man in gehöriger Stärke mit dem Wulst, beziehungsweise Rundstabe vom Drechsler drehen oder zieht sie wieder selbst direct in Gyps. 3. Dann zieht man den Mittelkörper in Gyps oder läßt ihn sich vom Drechsler drehen. Diese drei Stücke verbindet man durch Wellzapfen fest miteinander, theilt das Mittelstück in vier gleiche Oberflächen und legt nun 4. eine Volute auf das zuvor schellackirte Stück des Mittelkörpers und führt sie so in Thon bis in die Einzelheiten aus. Dann wird die Volute abgenommen und geformt. Aus der Form werden vier Ausdrücke gemacht, die an das Mittelstück an ihrer bestimmten Stelle angesetzt werden. 5. Ebenso verfährt man auch mit der Anlage und Ausführung der Zwischenverzierungen, indem man eine Verzierung modellirt und abformt, dann vier Ausdrücke macht und diese der Reihe nach auflegt. Wenn man 6. den Blätterkranz ähnlich in Form gebracht und aufgesetzt, so hat man das Capitäl in Thon und Gyps und kann dann durch eine verlorene Form sich das Capitäl leicht in Gyps gießen, und ihm durch Nacharbeiten mit dem Meißel die nöthige Schärfe geben.

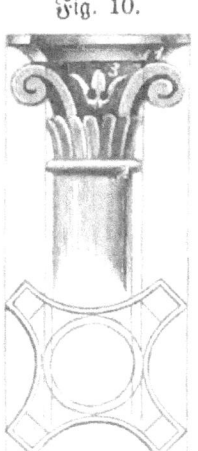

Fig. 10.

Modellirung eines Reliefmedaillons.

Um ein Porträtrelief darzustellen ist zunächst Folgendes zu berücksichtigen: Es ist die eine Seite des Kopfes darzu-

Fig. 11.

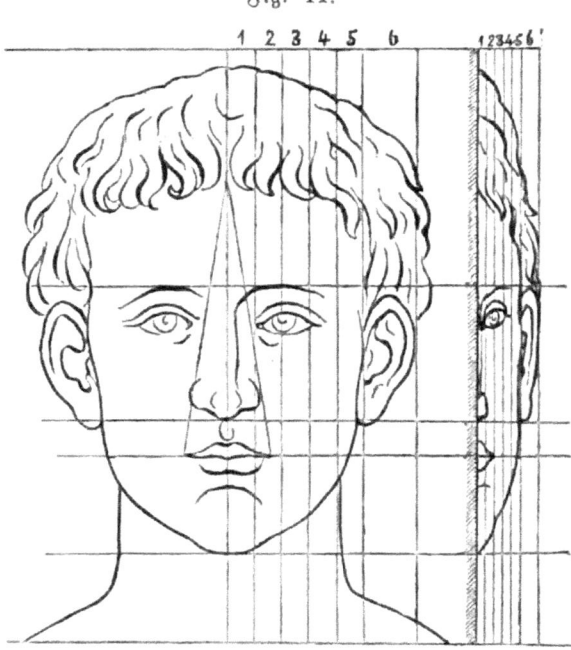

stellen, ohne daß ein vollständiger Durchschnitt des Kopfes gestattet ist; denn ein solcher Durchschnitt macht, aus der Fläche heraustretend, einen häßlichen Eindruck. Das Relief muß vielmehr uns die Ansicht eines solchen Durchschnittes geben, ohne es doch zu sein. Es muß mit den Verkürzungen

Technik der Bildhauerei.   23

rechnen, die ein Gesicht beim Betrachten erfährt. Es muß also die Höhe der Flächen in Bezug auf die horizontale Ausdehnung kleiner genommen werden. Man hat hier einen Spielraum in der Wahl der relativen Höhe. Ein Relief ist um so schwieriger, je flacher es gehalten werden soll. Es

Fig. 12.

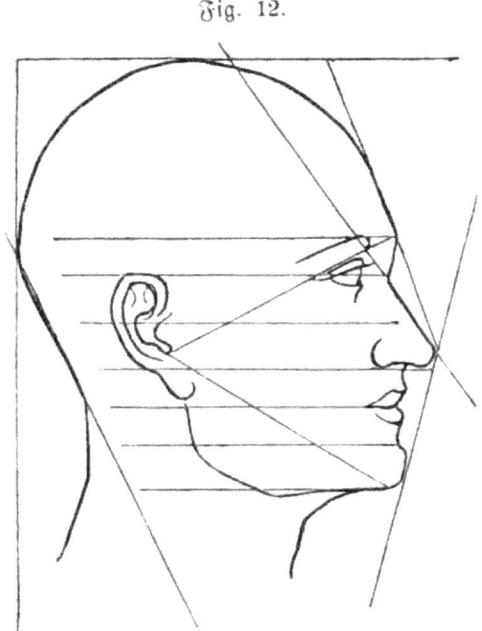

steht überhaupt fest, daß ein Relief an sich stets schwieriger ist, als die unverkürzte Büste. Indessen hat man auch hier gewisse Anhaltspunkte:

Aus der Lehre von den Proportionen des menschlichen Körpers wissen wir, daß die Höhe des Kopfes 9 Zoll beträgt, die größte Stärke desselben oberhalb der Ohren $7^1/_2$ oder $^{15}/_2$ Zoll. Nehmen wir nun an, das Relief soll

in seiner Höhenausdehnung auf ein Viertel der Flächen=
ausdehnung reducirt werden, so wird die Reliefhöhe etwa
1 Zoll betragen. Den Kopf, von vorn gesehen, hat man
hierauf von der Mittellinie an durch 6 parallele Schnitte
in 6 (gleiche) Theile zu zerlegen.

Der erste Schnitt ist durch den innern Augenwinkel
zu legen. Der zweite durch die Mitte des Auges. Der
dritte durch den äußern Augenwinkel, der vierte durch die
äußere Seite des Jochbeins, der fünfte wird den äußersten
Punkt der Kopfbreiten streifen und der sechste, noch einmal so
große Theil, wird die Höhe des Ohres angeben. Alle diese
Theile theilt man durch vier und hat dann die Höhe der=
selben Theile bei dem Relief. Siehe Fig. 11.

Für den Aufbau des Thones bedient man sich fast
allgemein eines ganz flachen Kastens, der vollständig mit
weichem Bildhauerthon angefüllt, und dessen obere Fläche,
mit einem Lineal scharf abgestrichen, ganz eben ist. Auf
diese Fläche baut man nun die Thonmasse für das Relief
auf und arbeitet dasselbe, unter Berücksichtigung der
Verhältnisse zwischen den einzelnen Theilen, fertig. Diese
Art der Anlage bietet den Vortheil, daß man das auf=
gelegte Thonrelief mit einem feinen Kupfer= oder Messing=
draht leicht abschneiden und abnehmen kann. Bei der Be=
arbeitung des Umrisses fährt man nämlich leicht in die
ebene Fläche der weichen Unterlage. Will man nun diese
wieder ebnen, so hat man nur das Relief abzunehmen, die
Bodenfläche auszugleichen und mit einem Lineal abzuziehen,
dann legt man das Relief wieder auf. Beim Uebertragen
des Reliefs in den Medaillonrahmen muß es ohnehin ab=
geschnitten werden, was von einem Brette, das man auch
als Unterlage benützt, viel schwieriger ist. Nimmt man ein

Brett als Unterlage, so muß dies in der Mitte ein Loch haben. Dieses Loch wird mit Thon ausgefüllt, der mit dem Thon des Reliefs verbunden ist. Hierdurch wird das Herunterrutschen des Reliefs vermieden. Beim Modelliren ist nöthig, daß man das Modell vor sich hat. Auch ist es erlaubt, den Zirkel zu gebrauchen und damit die Verhältnisse zu übertragen. Denkt man das Relief fertig zu haben, so wird es mit einem feuchten Finger oder Schwämmchen glatt gemacht, so daß alle Unebenheiten beseitigt sind. — Man muß dabei sehr vorsichtig verfahren, weil im Gyps die geringsten Fehler zum Vorschein kommen. — Dann kann das Abformen beginnen. Siehe Fig. 12 für die Anlage des Porträts.

Modellirung einer Büste nach der Natur.

Der Rohaufbau: Um die Thonmasse zu einer Büste aufzubauen bedarf es eines festen Gerüstes. Man unterscheidet Kasten- oder Hermenbüsten, d. h. solche, die gleichsam massiv, ohne weitere Vermittlung auf ein flaches Piedestal gestellt werden, und Büsten mit einem besonders gedrehten Fuße, wobei sich die Brustfläche nach den Schultern zu verkleinert. Den Fuß pflegt man von solcher Stärke an der schwächsten Stelle zu nehmen, wie der Hals der Büste ausmacht. Für beide Arten von Büsten ist ein, wenn auch nur schwaches, eisernes Gerüst (Fig. 13) nöthig, um einerseits die Thonmasse für den Kopf, andererseits für die Schultern zu tragen, und dem Halse eine feste Haltung zu geben. Das Gerüst setzt sich folgendermaßen zusammen: An einer der Höhe der Büste entsprechenden kantigen Eisenstange hat man an ihrer Unterseite drei flache Flantschen, mit Löchern versehen, angenietet, um sie senkrecht fest mit Schrauben auf ein starkes, mit Querleisten versehenes Brett anschrauben zu können. Etwas über der Stelle, wo die Thonmasse des Kopfes zu befestigen ist, befindet sich ein angeschweißtes Eisenkreuz. Unter der Halsgrube ist von

Fig. 14.

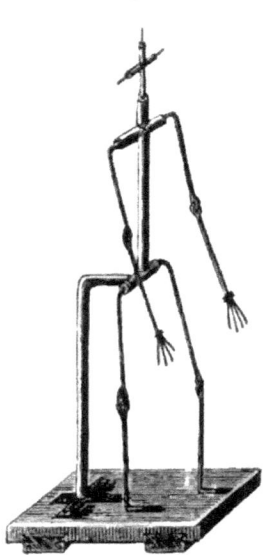

Fig. 13.

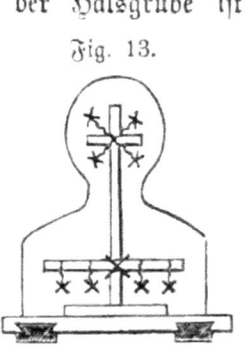

rechts nach links ebenfalls ein starkes Stück Eisenblech angeschweißt an den Hauptstab. Die Thonmasse wird nun um und an diesem Gerüste befestigt. Um den Thon noch fester zu halten, pflegt man auch noch kleine Holzkreuzchen mit Draht im Kopfe an der Hauptstange zu befestigen; in der Schulter sind sie an der Querstange angebracht. Die Kreuzchen halten den Thon sehr fest. Alles ist nun so weit bereit, und das Modelliren könnte beginnen; doch, da wir hier gerade bei den Vorarbeiten sind, so wollen wir der Art und Weise gedenken, wie der Bildhauer die Rüstung für ganze, ringsum freie Figuren anlegt.

Die innere Rüstung muß für eine freistehende Figur vor allen Dingen fest und unbiegsam sein, um jedem Drucke von außen widerstehen zu können. Siehe Fig. 14.

Um die Hauptmasse des Körpers, den Torso, d. h. Kopf und Rumpf, zu tragen, legt man die Stütze außerhalb an: Eine quadratische Eisenstange ist, ebenso wie beim Gerüste der Büste, durch Schrauben fest an einem starken Brette befestigt. In halber Figurhöhe ist sie rechtwinkelig nach vorn und bis etwa zur Halsgrube aufwärts gebogen. An diese Hauptrüstung ist ein Querstück in der Gegend der Hüfte angeschweißt und ebenso in Schulterhöhe.

Diese beiden Querstangen haben an ihren Enden Hülsen, um die aus Gliedern bestehenden Arm- und Beinstangen aufzunehmen. Auch die Hauptstange ist oben mit einer Hülse versehen, um den Hals und Kopf tragenden Eisenstab festzustellen. Man sieht nun leicht ein, daß, selbst wenn die Figur schon ziemlich fertig ist, sich einzelne Glieder beliebig bewegen und selbst abtrennen lassen, ohne die anderen Theile zu beschädigen. Wie bei der Büste sind auch hier an der Hauptrüstung kleine Holzkreuzchen mit Drahtschlingen befestigt, um die Thonmasse unverschiebbar befestigen zu können. Die sogenannte Plinthe der Figur wird aus weichem Thon gebildet und ist mit Leisten umgeben, damit die Füße auf feuchtem Grunde stehen und vor Trocknen geschützt sind.

Doch kehren wir zurück zum Modelliren einer Büste, so haben wir zuerst die großen Maße festzustellen, also die Höhe und Breite des Kopfes von vorn und von der Seite. Dann die Halsstärke, wobei man den Hals als quadratische Säule mit abgestumpften Ecken ansehen kann. Hierauf wird der Abfall vom Hals zu den Schultern angeschnitten und endlich der Abfall der Brust nach vorn bis zur Höhe der Brustwarzen einerseits und der Abfall der Schultern zum Rücken bis zum Schulterblattende andererseits durch einfache Flächenschnitte festgestellt. Hat man noch die Bruststärke von vorn nach hinten bestimmt, so hätte man die Büste als Thonblock vor sich, der aus vielen Flächen besteht. Jetzt werden die Maße zweiter Ordnung festgestellt: Man bestimmt den Abstand der Brustwarzen von einander, und steckt an ihre Stelle kleine Holzstiftchen in den Thon um den Zirkel einsetzen zu können. Dann setzt man den Ort der Halsgrube durch das in der Lehre von der Proportion angegebene Dreieck fest und steckt einen Stift ein. Von hieraus mißt man die Halshöhe bis unter das Kinn und stellt die Mitte der vorderen Kinnfläche fest. Hier kommt wieder ein Stiftchen hin; und es muß eine Visirlinie von hieraus die Verbindungslinie der beiden Brustwarzen in der Mitte schneiden, wenn der Kopf nach vorn gerichtet ist. Jetzt wird das schon in Figur 12 angegebene gleichseitige Dreieck construirt und durch die (Seitenlinien) Eckpunkte die Höhe der Stirn und Stelle der Ohrlöcher bestimmt. In den Ohrlöchern liegt ein bequemer Durchmesser des Kopfes; und man thut daher auch gut, wenn man diesen Durchmesser sich durch einen dünnen Stab schafft, den man quer durch den Kopf schiebt, um die Verhältnisse prüfen zu können. Es ist nun leicht, von dem Kinnpunkte aus durch Kreise die untere Kante der Stirn und der Augenbogen zu bestimmen. Ebenso leicht findet man die Ansatzstelle der Nase und die Linien des Mundes, sowie die vier Kanten der Lippen. Dann bestimmt man die Breite des Mundes, der Nase, indem man bedenkt, daß die Linien von der Mitte der Stirnhöhe aus nach den Seitenenden des Kinns die Mundwinkel und die äußersten Punkte der Nasenbreite treffen. Da wir nun wissen, daß die Nasenbreite gleich der Entfernung der inneren Augenwinkel von einander ist, und daß die Augenbreite gleich der Nasenbreite, so ist es auch leicht diese Punkte zu finden. Um nun zu erfahren, ob Nasenwurzelpunkt, Nasenspitze, Mundmitte und Kinnpunkt gerade untereinander liegen, läßt man von dem obersten Stirnpunkt ein Loth herabfallen, welches alle die andern Punkte treffen muß. Alle übrigen Punkte müssen von dieser Linie dann symmetrisch liegen.

Wir kommen nun zu dem Anschneiden der Hauptflächen des Gesichtes. Die Nase wird von zwei Seitenflächen gebildet, worüber eine schmale Oberfläche liegt. Eine dritte Fläche stumpft diese drei Flächen ab. Endlich sind unten zwei Flächen, in denen die Nasenlöcher liegen, sie sind gegen oben seitlich gerichtet. Also läßt sich die Nase durch sechs Flächen bequem anschneiden. Die Wangen lassen sich durch 2 Flächen markiren, die unter dem Auge am Jochbein beginnen, gegen Nase und Kinn convergirend ein flachgekrümmtes Dreieck zeigen. Die Stirn ist mit fünf Flächen von schwacher Wölbung anzuschneiden: Eine schmale, gleichschenkelige, von der Stirnhöhe zum Ansatz der Nase; zwei vierseitige, welche die Schläfenbeine geben; und zwei flachgewölbte, welche die linke und rechte Stirnseite bilden. Darauf wird die Höhe des Schädels und seine Abdachung

nach den Ohren und den Nacken mit großen Flächen an=
geschnitten. Zwei flache, nach vorn gerichtete Schnitte geben
die größte Breite des Kopfes an. Die hintere Fläche ist
stark gewölbt. Das Auge ist als Kugel anzusehen, wenn=
gleich der vordere Theil, Iris und Pupille, etwas hervor=
tritt. Vom Auge kommt höchstens der vierte Theil seiner
Gesammtfläche zur Geltung. Es ist dies ein Schlitz von
Mandelform von $3/4$ Zoll Breite und $1/3$ Zoll Höhe,
mithin kann man das Auge als Halbkugel anlegen.
Das Kinn besteht aus fünf Flächen: Einer Vorderfläche,
zwei Seitenflächen und zwei anderen, von denen die eine
nach dem Munde zu führt und die andere zum Halse die
Vermittlung bildet. Neben dieser letzten Fläche können wir
zu beiden Seiten noch zwei Flächen anschneiden, die Hals
und Wangen verbinden. Nun schneide hinter dem Unter=
kiefer in der Gegend des Ohres scharf ein.

Bei der Behandlung des Halses kommt in Betracht,
daß die Kopfnickermuskel bei der Halsgrube, an dem rechts
und links anliegenden Schlüsselbein beginnend, in fast ge=
rader Linie gegen die Ohren schräg aufsteigen, und daß
diese Muskellage merkwürdigerweise, ob der Kopf nun
nach vorn, nach rechts oder links gerichtet ist, sich stets
gleichbleibt. Im übrigen hat der Hals einen herzförmigen
Durchschnitt, besteht also aus fünf Flächen, die man aus
der angelegten quadratischen Säule leicht herausschneiden
kann.

Ueber den Gesichtsausdruck.

Ebenso wie der Maler muß der Bildhauer bestrebt sein, seinen Porträts Ausdruck zu verleihen. Beim Bildhauer sind nun aber die Mittel viel beschränkter als beim Maler, da die Farben eine nicht zu unterschätzende Hilfe bieten. Es muß daher der Bildhauer ganz besonders auf den Bau der Gesichtstheile und ihre Verhältnisse zu einander sein Augenmerk richten. Jeder Mensch hat aber ein mehr oder weniger charakteristische Gesichtsbildung, und diese muß er sich bemühen wiederzugeben.

Um dies zu können, ist jedoch ein genaues physiognomisches Studium nöthig, ohne welches der Bildhauer gleichsam im Dunkel herumtastet, ohne zu wissen, woran er sich halten soll. Will er einen Menschen in einer gewissen Affection, d. h. Seelenstimmung darstellen, so muß er wissen, in welchen Zügen sie sich in Gesicht und Haltung wiederspiegelt. Um ihn bei diesem Studium, das eine außerordentliche Mühe und Beobachtung voraussetzt, zu unterstützen, wollen wir hier im Kurzen auf die Hauptpunkte der Physiognomik des Kopfes hinweisen.

Wir gehen aus von den einzelnen Theilen des Gesichtes. Jede Aenderung dieser Theile ruft eine Wirkung hervor, die für die Charakteristik von Einfluß ist. So macht eine hohe Stirn einen erhabenen Eindruck, während in einer kleinen Stirn etwas Niedriges liegt. Ein zu stark hervortretender Hinterkopf giebt ebenfalls, wie wir es bei den Negern sehen, etwas Niedriges. Man muß nun aber nicht denken, daß jede hohe Stirn einen solchen guten Eindruck macht und jede niedrige einen schlechten. Nein, dies ist noch abhängig von ihrer Form. So zeugt eine in der Mitte ausgehöhlte Stirn ebenso wie eine allzu stark gerundete von Geistesarmuth. Eine geradlinige, brettmäßige Stirn giebt etwas Gefühlloses, Grausames. Eine weit über die Augen vorspringende Stirn läßt auf scharfen Verstand und Entschlossenheit schließen. Ist der untere Theil über den Augen stark gewölbt, so vermehrt dieses noch den Ausdruck. Finden wir stark emporgezogene runde Augenbrauen, so können wir auf Frohsinn und Gutmüthigkeit schließen, wo jedoch auch Dummheit dahinterstecken kann. Sind jedoch die Augenbrauen stark heruntergezogen, so daß sie sich nach der Nasenwurzel zu senken, wo dann auch wohl senkrechte Falten sich bilden, so giebt dies dem Gesichte einen denkenden und wohl auch finsteren Ausdruck.

Von den Nasen: Eine schön geformte Nase giebt etwas Edles, Ideales. Diese Nase darf nicht zu klein sein, wenn das ganze Gesicht nicht auch einen kleinlichen Ausdruck bekommen soll. Eine zart gebogene Nase zeugt von einem gebildeten Menschen, während ein sogenanntes Stumpfnäschen etwas unentwickeltes giebt. Eine spitze Nase macht einen moquanten, kleinlichen Eindruck. Auch dürfen die Nasenflügel nicht zu flach gearbeitet werden, wenn das Gesicht nicht einen ängstlichen Ausdruck erhalten soll. Sie müssen stark ausgerundet sein, wenn sie Muth und Kühnheit ausdrücken sollen; wie wir sie denn bei Pferden, die im Kriegsgetümmel dahinstürmen, auch stark ausgerundet finden, um einen ähnlichen Eindruck zu erzielen.

Von großer Wichtigkeit ist die Bildung des Mundes und der Lippen. Steht der Mund zu weit nach oben, so macht dies einen rohen, unentwickelten Eindruck; ähnlich ist es, wenn er zu weit nach unten sich befindet. Sind die Lippen fest zusammengekniffen und steht wohl gar die Unterlippe ein wenig vor, so zeugt dies von Entschlossenheit und Thatkraft. Hängt aber die Unterlippe zu stark herunter und ist die Oberlippe nach aufwärts gerichtet, so verschwindet der gute Eindruck und wir haben das Gefühl von Rohheit. Schön geformte, schwellende Lippen geben dem Besitzer Liebreiz und Anmuth. Eine zart hervortretende Oberlippe giebt etwas Unschuldiges. Wird es übertrieben, so wird daraus Dummheit. Der Mund darf, besonders beim Manne, nicht zu klein sein, wenn er das Gesicht nicht unbedeutend machen soll. Ein allzu großer Mund dagegen zeugt von Brutalität und Rohheit.

Auch die Form des Kinnes ist von Bedeutung für die Charakteristik. Ein kräftiges, eckiges Kinn läßt einen festen Charakter vermuthen. Tritt es zu stark hervor, so zeugt es von Rohheit; tritt es zu stark zurück, so bekommt das Gesicht einen dummen Ausdruck. Bei einem fein gebildeten Menschen muß überhaupt der obere Theil des Kopfes, d. h. die Stirn, am meisten ausgebildet sein, und der untere Theil zurücktreten, d. h. der Winkel von der Stirn über Oberlippe bis zum Gehörgange muß sich einem rechten nähern. Je mehr dies eintritt, desto klüger ist der Ausdruck.

Was die Augen betrifft, so dürfen sie nicht allzuweit auseinander stehen, wenn sie nicht einen dummen Eindruck machen sollen. Ihre Entfernung von Augenwinkel zu Augenwinkel, wie wir aus der Proportionslehre sehen, zeigt Nasenbreite. Tiefliegende Augen machen einen verständigen Eindruck, geben jedoch auch etwas Düsteres, Unheimliches. Allzu große Augen, besonders wenn sie heraustreten, machen einen stieren, dummen Eindruck, während sie nicht übertrieben groß einen klugen Eindruck machen. Ein kleines Auge hat etwas Verschmitztes, und sollte vom Bildhauer nie dargestellt werden. Obschon der Bildhauer wenig die Iris als Charakteristicum benutzen kann, da ihm ja die Anwendung der Farbe versagt ist, so kann er doch durch ihre Stellung — sie wird durch einen kreisrunden Einschnitt bezeichnet — verschiedene Eigenschaften andeuten. Je mehr die Iris unter dem oberen Augenlide sich verbirgt, um so ruhiger ist der Eindruck. Hängt jedoch das obere Augenlid stark über, so deutet dies auf Zorn.

Starke, buschige Augenbrauen zeugen von Energie und Thatkraft.

Das Ohr kommt wenig oder gar nicht für die Charakteristik in Betracht. Jedoch ist ein schön geformtes Ohr das Zeichen eines edlen Charakters. Ein zu großes wie ein zu kleines Ohr machen einen schlechten Eindruck.

Modellirung einer Statuette, einer ganzen Figur.

Schon bei dem Modell einer Büste ist angeführt, wie die Rüstung für eine ganze Figur beschaffen sein muß. Aus eben dem Abschnitt ist zu entnehmen, wie das Anschneiden des Kopfes zu bewirken ist, und wir können also sogleich zum Anschneiden des Rumpfes und der Glieder übergehen, nachdem die Thonmasse an der Rüstung auf bekannte Weise mittelst der kleinen Drahtschlingen und Knebel sorgfältig befestigt ist.

Das Anschneiden des Rumpfes u. der unteren Glieder.
(Figur 15.)

Der ganze Rumpf von der Halsgrube bis zur Scham beträgt 19 Zoll. Es bieten sich hier sogleich 2 große Flächen, der rechten und linken Brust, die schwach gegen einander geneigt sind, und sich leicht mit wenigen Schnitten der flachen Drahtschlinge herstellen lassen. Wenn man bedenkt, daß der Brustkasten die Form einer vorn und hinten zusammengedrückten Tonne hat, so ist leicht zu erkennen, welche Flächen anzuschneiden sind. Dabei ist zu berücksichtigen, daß die äußerste Brustbreite 12 Zoll beträgt, — sie geht 6mal in die ganze Körperlänge — und der ganze Durchmesser der Brust von vorn nach hinten in der Höhe der Brustwarzen 9 Zoll ist. Die Brustbreite unter den Rippen beträgt 10 Zoll. Von dieser Einschnürung des Körpers gehen die Flächen des unteren Torsos wieder nach außen, so daß die größte Ausdehnung in der Höhe des Nabels, eine Kopfhöhe unter den Brustwarzen, ist. Von hier fällt sie wieder bis zum Ansatz der Scham und läuft im Profil parallel mit der hinteren Fläche des Glutäus. Nach den Hüften zu fällt die Fläche ab. Wir haben also neben den oben erwähnten Brustflächen 1 1, noch zwei Rippen= flächen 2 2, zwei Flächen an den Hüften 4 4, eine Fläche unter der Magengrube 3, eine über dem Nabel 5, eine, die gegen die Scham gerichtet ist 6, eine Fläche, die den Schamberg 7 bildet. Das sind die hauptsächlichsten Flächen des vorderen Rumpfes, der mit dem Halse durch die beiden

36 Erster Abschnitt.

Flächen 8 8, welche durch das rechte und linke Schlüsselbein begrenzt werden, verbunden ist.

Die Rückseite des Torsos, Fig. 16, läßt sich eben so leicht in Flächen zerlegen. Zuerst schneide man die vom Hinterkopfe

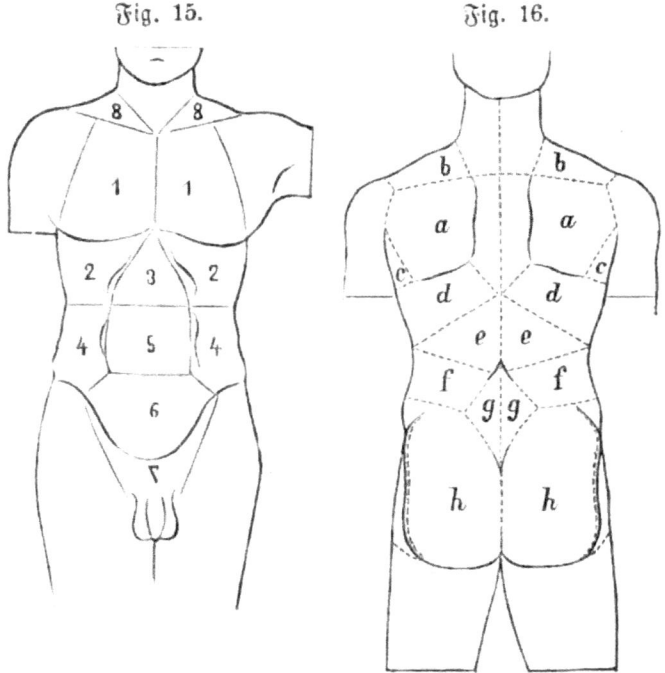

Fig. 15.   Fig. 16.

aus senkrecht über den Rücken gehende Vertiefung, welche dem Hals-, Rücken- und Lendenwirbel entspricht. Dann treten klar eine rechte und linke Fläche hervor. Aus diesen sind die Schulterblätter a a hervorzuheben. Der Rücken ist dann mit dem Halse durch die beiden Nackenflächen b b zu verbinden. Dann schneide man auch hinten die Tonnenform der Brust durch die 4 Flächen c c und d d heraus, welche nach der Hüftlinie sich senken. Dann werden die beiden am tiefsten liegenden Flächen e e geschnitten. Die hinteren Hüftflächen f f heben sich wieder und schließen mit den großen Glutäusflächen h h die kleinen Flächen g g ein. Die Glutäusflächen sind scharf begrenzt; ihre äußeren Seitenflächen laufen einander parallel, während die inneren Seitenflächen sich berühren und dann nach oben und unten auseinander gehen. Die unteren Flächen des Glutäus sind schwach gekrümmt und stehen senkrecht zum Körper.

Wir kommen nun zur Bearbeitung der unteren Extremitäten, der Beine. Hier gilt es zuerst die äußeren, vorderen und hinteren Contouren festzustellen. Zu diesem Zwecke fahre man, am Hüftenkamm beginnend, rechts und links am Beine mit dem Modellirholze herab und beachte dabei die beiden Anschwellungen am Ober- und Unterschenkel und die beiden Einsenkungen in der Knie- und Knöchelseite bei den äußeren Contouren. Der nach innen niedergehende Zug hat die Ausbuchtung unter der Lende, dem Schambein, die des Knies und der Wade hervorzuheben, vor den drei Einbuchtungen ober- und unterhalb des Knies und unter der Wade bis zum Knöchel, wo die dünnste Stelle des Unterschenkels ist. Siehe Fig. 17.

Um dann die vorderen und hinteren Flächen der beiden Schenkel anzuschneiden hat man auf ihre Profillinien zu achten. Man setzt das Modellirholz in der vorderen Hüftenstelle ein und fährt auf der Thonmasse im Bogen bis zur Kniescheibe hin; diese läßt man etwas vorspringen und fährt unterhalb derselben in fast gerader Linie herab bis zum Anfange des Fußes. Für die Rückseite des anzuschneidenden Beines setzt man unter dem Glutäus ein und fährt in einer wellenförmigen Linie herunter, deren tiefster Punkt

38 Erster Abschnitt.

in der Kniekehle liegt und deren höchster Punkt die Höhe der Wade bildet. Gleich unter der Wade fährt man in gerader Linie bis zur Ferse herab. Siehe Fig. 18.

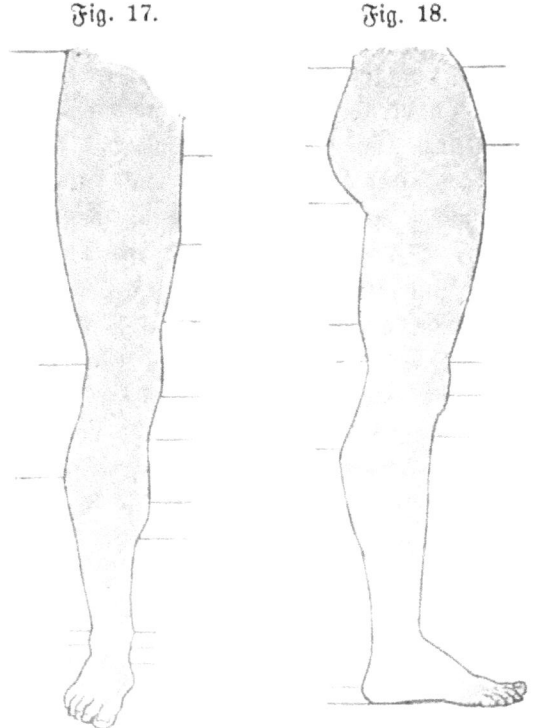

Fig. 17.   Fig. 18.

Der Fuß kann angeschnitten werden durch eine Fläche, die an der vorderen Seite schräg nach unten gerichtet ist, sie bildet den Spann. Nach den Seiten fällt der Fuß in zwei Flächen ab, und hinten wird er abgerundet durch eine Fläche, welche die Ferse bildet. Der Grundriß des Fußes ist in der nebenstehenden Figur für die Anlage gegeben.

Wenn so die Hauptmasse des das Bein darstellenden Thonkörpers in vierseitigen Pfeilern angeschnitten ist, so hat man zuerst, um die Form des Beines klarer hervortreten zu lassen, die Kanten abzustoßen. Dann geht man über zur Bestimmung der festen Knochenpunkte, d. h. man mißt nach den Proportionen die verschiedenen Entfernungen genau nach, indem man an den Knöcheln, Kniescheiben und Kniekehlen kleine Stiftchen steckt. Somit wäre man gleichsam aus dem Gröbsten heraus.

Die Anlage der oberen Extremitäten ist ebenso, und da ihre Contouren in den Proportionsfiguren gegeben sind, so glaube ich einer nochmaligen Durchnahme der Anlage enthoben zu sein.

Anlage größerer monumentaler Werke.

Steht der Bildhauer, sei es durch eigene Wahl, sei es durch fremden Auftrag, vor einer statuarischen Aufgabe, so muß er sich zunächst durch eine kleine Skizze von $1/6 — 1/5$ Größe klar machen, wie er die Aufgabe zu behandeln gedenkt, und wie seine Gedanken für die Ausführung möglich oder unmöglich sind. Durch eine solche Skizze wird er sich klar, wie die Hauptmassen in der Folge am großen fertigen Werke zur Geltung kommen dürften. Hat er nun hierdurch das Verlangte zu seiner oder des Auftraggebers Zufriedenheit erzielt, so schreitet er zum Aufbau eines Hilfsmodells. Dieses hat aber eine ganz bestimmte Aufgabe zu erfüllen. Es ist gleichsam das verkleinerte genaue Abbild der nachmaligen großen Arbeit. Das Hilfsmodell ist die Hauptarbeit des productiv schaffenden Bildhauers. Mit demselben tritt er in Concurrenz gegen etwaige Mitbewerber um den Preis für die gestellte Aufgabe. Da also auf das Hilfsmodell so große Wichtigkeit gelegt wird, so ist es mit der größten Sorgfalt auszuführen. Es ist eine schwierige Aufgabe, die durch den Zeitaufwand auch kostspielig wird, kostet doch die Herstellung oft Monate, und den Selbstkostenpreis eines Modells für 2 Monate Arbeit kann man auf 600 Mark berechnen.

Was nun den Maßstab des Hilfsmodells betrifft, so nimmt man gewöhnlich halbe natürliche Größe bei einfachen Pedesterstatuen; $1/4$ bis $1/5$ Größe bei Reiterstatuen, je nachdem das Piedestal mit in Anschlag gebracht wird. Halten wir uns nun zuerst einmal bei der Pedesterstatue auf. Der Mann wird also im Hilfsmodell zu 33—36 Zoll darzustellen sein. Die Figur wird also in der vorher beschriebenen Weise aufgebaut und aus dem Rohen durch Flächen und Messungen herausgearbeitet. Sie aber so gleichsam aus dem Kopfe fertig zu machen, ist man nicht im Stande. Da muß die wirklich lebendige Natur in dem sogenannten Acte zur Hilfe genommen werden. Unter Act versteht man die Aufstellung eines in Formen und Verhältnissen der verlangten Figur entsprechenden Menschen im nackten Zustande als Vorbild einer speciellen Ausführung. Das Actzeichnen ist Malern wie Bildhauern eine wichtige Vorschule ihrer theoretischen Ausbildung; darum wird es denn auch in den obersten Classen der Kunstakademien mit größtem Fleiße geübt. Selbst der alte würdige Schadow verschmähte es nicht, noch im höchsten Alter an manchen

Abenden im Actsaal fleißig mit seinen Schülern mitzu=
zeichnen. Am nackten menschlichen Körper kann und muß
man Freude haben, ist er doch gleichsam das Krönungs=
werk der irdischen Schöpfung. — Für den Act im Allge=
meinen benutzt man je nach Bedürfniß männliche oder weib=
liche Modellsteher. In Hauptstädten, wo es Kunstakademien
giebt, giebt es zahlreiche Personen, welche gleichsam eine
Profession aus dieser Beschäftigung machen. Man findet sie
auf den Fluren der Akademiegebäude, wo sie sich den
Künstlern anbieten. Der Preis beträgt nach Uebereinkommen
pro Stunde 50 Pfg. bis 1 Mark. Wenn man also bei
seiner Arbeit wochenlang täglich 3—4 Stunden so einen
Modellsteher haben muß, so läuft sich dies schon zu einer
kleinen Summe an. Außerdem muß man für ein gut ge=
heiztes Atelier Sorge tragen, weil das nackte Stillstehen
den Körper stark abkühlt. — Der Act steht, wenn möglich,
auf einem drehbaren Podium.

Nach dem Act nun wird das nach Proportionen und
Muskulatur angelegte Hilfsmodell in allen Theilen, in den
Höhen und Tiefen, mit der größten Sorgfalt nachgesehen,
verglichen und durchgearbeitet, von allen Seiten, haupt=
sächlich in der detaillirten Flächenstellung, kurz, für den
gesunden Zug im körperlichen Organismus Sorge getragen.
In der Zeit zwischen diesem und dem nächsten Actstehen
verarbeitet der Bildhauer die am lebenden Modelle ge=
machten Beobachtungen. Bei dem nächsten Actstehen eröffnen
sich ihm neue Erscheinungen und so führt er die Behand=
lung des Nackten weiter fort, bis er die Naturwahrheit, so
weit er ihr nachgehen will, erreicht hat. Oft hat man für
eine Figur mehrere Modelle nöthig, weil in den wenigsten
Fällen dasselbe Modell in allen Theilen den an das

Schöne in der Natur gemachten Anforderungen entspricht, so daß man den einen Act nur partiell benutzen kann. Ein Modellsteher hat eine schöne Brust, aber schwache Arme, bei einem anderen ist es umgekehrt u. s. w. Jugendlich frische, kräftige Soldaten kann man sich öfters aus Kasernen holen, die arm, gerne diesen kleinen Nebenverdienst in ihren Mußestunden mitnehmen.

Wenn gleich das Actnehmen kostspielig zu sein scheint, so müssen wir doch darauf bestehen, da selbst der geschickteste und tüchtigste Bildhauer ohne dasselbe nichts machen darf, denn das, was den berechtigten Anforderungen des Schönen entsprechen soll, muß vor Allem richtig sein.

Glaubt nun der Künstler das nackte Hilfsmodell fertig zu haben, so läßt er sich davon durch einen Gypsgießer, wenn er es nicht selbst macht, eine in Stücken abnehmbare Form herstellen, wobei das Modell möglichst unverletzt bleiben muß. Aus der Form läßt er sich einen mit dem Thonmodell genau übereinstimmenden Ausguß machen.

Das zurückgebliebene wohlerhaltene Thonmodell hat noch ferneren Zwecken zu dienen, denn es wird über demselben die Gewandung aufgelegt, wofern die Figur nicht nackt dargestellt werden soll.

Das Gewandmodell.

Sieht das Publicum in der Gewandung sorgfältig durchgeführte plastische Werke, mögen diese nun in Marmor oder Bronze ausgeführt sein, so staunt es oft über die natürlich schön ausgeführte Bekleidung der Figur und wundert sich, daß sie dem Körper so angepaßt werden kann, daß man alle Formen des Körpers durchscheinen sieht. Dies ist natürlich und versteht sich für den Kenner eigentlich von selbst; denn es ist so wunderbar nicht, wenn man weiß, daß die Figur nicht ganz mit Gewandung überzogen wird, vielmehr nur die Hauptflächen der Gewandung in ihren Höhen und Tiefen auf das nackte Thonmodell aufgelegt und mit den freibleibenden Körpertheilen vertrieben werden.

Diese Falten haben eine größere Bedeutung, als es für den ersten Augenblick scheint; es ist nicht nur das Schöne, was sie geben sollen, sie sollen gleichsam die Functionen der körperlichen Muskulatur, die verdeckt unter der Gewandung liegt, ergänzen, übernehmen oder verstärken. Sie verfolgen ganz bestimmte Richtungen, je nach den darzustellenden Bewegungen. Durch den Faltenwurf deutet der Künstler äußere Zustände an, die zum Verständnisse der Darstellung wichtig sind. Darum hat man sich auch mit dem Studium des Faltenwurfes zu beschäftigen, das zwar schwierig, aber außerordentlich interessant ist. Gelegenheit dazu bietet sich überall, sowohl bei der modernen Kleidung, als auch an den Meisterwerken der alten Griechen. Bei allen bemerken wir, daß die Hauptgelenke sichtbar bleiben und von ihnen die Falten nach den verschiedenen Seiten auseinandergehen. Fehlen die Falten, so sieht ein bekleideter Körper wie eine Holzpuppe aus.

Für die Ausführung des Gewandmodells tritt nun der Modellsteher wieder in Thätigkeit, der mit der nöthigen Kleidung ausgestattet ist. Manchmal kann auch ein solcher Modellsteher durch die sogenannte Gliederpuppe vertreten werden, einer Figur aus Holz, die in ihren Gelenken beweglich ist. Diese wird mit Gewandung versehen und danach werden dann die Hauptfalten auf das Thonmodell übercopirt. Bevor jedoch die Faltenmassen aufgetragen werden, muß das Nacktmodell mit rother Farbe überstrichen werden

— man pflegt ihm einen Bolusanstrich zu geben, damit man stets beim Auftragen und Verarbeiten sehen kann, wo die Körpertheile liegen und wie viel Auftrag sie vertragen können.

Das Gewandmodell wird nun mit eben derselben Sorgfalt wie die früheren Arbeiten in allen Theilen durchgeführt. Bei Unterbrechungen der Arbeit hüte man sich, das Modell zu stark anzuspritzen; man thut am besten, es nur mit feuchten Tüchern zu behängen, um das Herabrutschen der aufgesetzten Theile zu vermeiden. Ist dieses Gewandmodell vollendet, so schafft man sich durch eine verlorene Form einen genauen, sauberen Abguß in Gyps, der sorgfältig ausgearbeitet und ciselirt, das Vorbild für das große Hauptwerk ist, dessen Ausführung wir nun anzuführen haben.

Das Nächste, was für den Aufbau nöthig wird, ist eine innere Rüstung. Diese muß natürlich sehr kräftig aus starken Eisenstäben angelegt sein. Die Anlage und Ausführung derselben richtet sich am besten nach dem nackten Hilfsmodelle, aus welchem man die Richtung der einzelnen Gerüsttheile für die Arme, Füße und Torso in proportionaler Größe leicht abmessen kann; denn es ist ja eigentlich nur eine Copie desselben im vergrößerten Maßstabe. Bei dem Aufbau des Gerüstes ist natürlich wieder auf die Abnehmbarkeit und Beweglichkeit einzelner Theile Rücksicht zu nehmen. Der ganze Bau wird auf einer aus starken Bohlen zusammengefügten Grundplatte befestigt, welche auf einem Drehwerke, wie oben beschrieben ist, aufliegt, so daß später die schwere Figur ohne Anstrengung nach allen Seiten bewegt werden kann.

An dem großen Eisengerüst wird dann der Thon mit Hilfe von Drahtschlingen und Kreuzknebeln befestigt und die Figur von unten nach oben fest aufgebaut, so daß kein Rutschen und Reißen der schweren Thonmasse eintreten kann. Jetzt tritt das Nacktmodell in Action. Dasselbe steht auf einem festen, leicht drehbaren Modellirstuhl zur Seite des Aufbaues und es handelt sich jetzt darum, mit Hilfe von Maßstab und Zirkel die Formen desselben auf das Hauptmodell zu übertragen, was also auf rein mechanischem Wege geschieht und daher von untergeordneten Kräften erfolgen kann. Steht die Figur in den Hauptmassen und Maßen, soweit es die Benützung des Hilfsmodells hergiebt, da, so beginnt wieder die Arbeit des Bildhauers mit Revision des Nackten. Alle Hauptmassen und Körperstücke werden genau durchgesehen, der Actsteher tritt wieder auf, um bei nothwendiger Berichtigung solcher Theile, welche aus dem Hilfsmodelle sich nicht deutlich genug entnehmen lassen, seine Hilfe zu leisten. Vor Allem hat man darauf zu sehen, daß die Figur auch fest steht, und darum wird von der Halsgrube aus gelothet, so daß diese Lothlinie, von allen Seiten betrachtet, stets zwischen den Füßen sich befindet. Demnächst müssen alle Gelenkstellen, wo die Knochen an die Oberfläche treten, durch Holzstifte festgestellt werden, also die Stärke des Fußes in den Knöcheln, im Kniegelenke, die Stärke der Hüften, der Schultern, die Schulterhöhe, die Schlüsselbeine, die Brustwarzen, der Nabel, dann der Kehlkopf, die Halsstärke, dann die Hauptdimensionen des Kopfes, die Armlänge, die Maße im Ellbogen und Handgelenk u. s. w. Dieses muß vor Allem bestimmt sein, dann ist die Ausführung der dazwischenliegenden Theile um vieles leichter. Die Muskelansätze und ihre Schwellung folgen dann den anatomischen Gesetzen in den ihnen für jeden Fall bestimmten Ruhe= oder Thätigkeitsformen. Daß aber diese

Bearbeitung und Umarbeitung einer, gegenüber dem nackten Hilfsmodell bedeutend vergrößerten Fläche viel Zeit und Sorgfalt erfordert, ist wohl klar.

Ist nun die große Nacktfigur vollendet, so kann das Auflegen der Gewandmasse erfolgen, doch muß man dabei darauf achten, daß die sorgsam ausgearbeiteten nackten Flächen nicht verloren gehen, sondern während und nach der Auflage leicht erkannt werden. Darum pflegt man auch hier wieder die ganze Thonfigur mit einem leichten Anstriche von Bolus zu überziehen.

Dem bekleideten Hilfsmodell entsprechend wird also die Gewandung der großen Figur durchgeführt mit größter Sorgfalt, wobei auch darauf zu achten ist, daß etwa freistehende oder herabhängende Faltenmassen durch eingeschlagene oder geflochtene Drähte und Knebel an der Hauptrüstung fest gehalten werden, damit sie sich weder bei der Arbeit noch beim Benetzen ablösen und herabfallen können. Die Sorgfalt der Ausführung muß so weit gehen, daß der Charakter der Gewandstoffe, sei es Seide, Wolle, Leinen oder Leder, unter allen Umständen deutlich zu erkennen ist, und daß das Detail selbst gleichsam bis auf die Nähte und die kleinsten Schnallen wiedergegeben ist.

Ist endlich die Statue in Thon vollendet, so läßt man den Gypsgießer kommen, der sie kunstgerecht unter Benützung der Eisenrüstung des Originals mit kundiger Hand in Gyps überführt. Steht nun die Figur fest in Gyps auf ihrer Plinthe, so beschließt die sorgfältigste Ueberarbeitung aller Flächen die lange und mühselige Arbeit zum fertigen Modell für Bronze- oder Marmorausführung.

Mechanische Arbeiten.

Die Hauptarbeit des Bildhauers ist, wie wir gesehen haben, die Schöpfung eines Thonmodelles. Das Gypsmodell wird auf mechanischem Wege hergestellt und gehört eigentlich nicht zu seinen Arbeiten. Da jedoch der Bildhauer sehr dabei interessirt ist, daß der Abguß seiner Arbeiten in Thon auch wohl gelinge, so thut er gut, sich mit den Gypsgießerarbeiten vertraut zu machen, um für den Guß selbst die nöthigen Bestimmungen geben zu können.

Jedes Thonmodell wird in Gyps übertragen, falls es nicht direct gebrannt werden soll. Für diese Uebertragung giebt es zwei Arten. Da ist der Wasserguß und die Stückenform. Der Wasserguß wird fast stets bei Originalformen angewendet, da es sich dabei um eine reinliche Oberfläche des Originalausgusses handelt, der noch nachgearbeitet werden muß, um als fertiges Original zu gelten.

Wir wollen darum zuerst über den Wasserguß reden. Wählen wir für den ersteren den Abguß einer Büste.

Man legt zunächst einen etwa zwei Centimeter breiten Thonsteg gleichsam um die Mitte der Büste vom Scheitel herab beiderseits über das Ohr, den Hals bis zu den Schultern, befestigt ihn gehörig durch dahinter gelegten Thon und legt nun die Büste mit der Hinterkopfseite und weicher Unterlage, damit die weiche Thonmasse in ihrer Modellirung nicht beschädigt wird, auf den Arbeitstisch. Hierauf wird Gyps mäßig dick, d. h. noch gut fließend angerührt und mit dem Munde oder einer Staubspritze ein Hauch von Wasser über die Oberfläche des Thonmodells gespritzt. Dann gießt man den flüssigen Gypsbrei über die Vorderseite der Büste und sucht ihn, ohne aber auf das weiche Thonmodell zu stoßen, auszubreiten. — Am besten geschieht dies durch Aufblasen. — Nach dem Erstarren der ersten Lage, die man leicht mit etwas rother oder gelber Erde (Bolus, Ocker) schwach färbt, gießt man stärker angerichteten Gyps als zweite Lage auf, bis diese, je nach dem Umfange der Arbeit, eine Stärke von 1—2 Cm. erlangt hat.

Nach dem Festwerden dieser einen Seite, wird das Modell umgekehrt, der Thonsteg entfernt, die Gypsfläche, die mit ihm in Berührung war, mit Schellacklösung bestrichen und eingefettet, und nun auch die Hinterseite der Büste mit Gyps in doppelter Lage begossen, wobei die erste ebenfalls gefärbt ist. Sobald die beiden Formhälften gehörig fest geworden, werden sie mit Gewalt auseinander gerissen, doch so, daß die Formseiten nicht entzweibrechen, und der Thon der Büste, die natürlich verloren geht, vorsichtig herausgeklaubt, um nicht zarte Gypseingüsse abzubrechen.

Ist dies geschehen, so taucht man beide Formhälften in Wasser und wäscht sie mit einem weichen Pinsel vollständig rein aus. In dieser tropfnassen Form wird der Ausguß gemacht. Die Formhälften werden fest zusammengebunden und geschnürt. Hierauf wird feiner weißer Gyps angerührt, eingegossen, umgeschwenkt und wieder ausgegossen; die nassen Formflächen gewähren eine leichte Ausbreitung des Gypses. Der etwas dicker gewordene Gyps wird dann von Neuem eingegossen und so lange umgeschwenkt, bis er im Innern fest geworden ist. Jetzt erfolgt eine zweite Gypslage in derselben Weise, und vielleicht nach

Bedürfniß noch eine dritte. Sind die Eingüsse vollständig fest geworden, so gilt es die Form herunterzunehmen. Dies geht aber nicht von selbst, da ja eine Menge Stellen unter sich gehen, überdies Gyps auf Gyps ziemlich fest haftet. Es bleibt also nichts anderes übrig, als die Form zu zerschlagen.

Dies Abschlagen geschieht stückweise und die Form geht hierbei verloren, daher sagt man: Die Büste ist in »verlorener Form« gegossen. Beim Abschlagen, was mit Hammer und stumpfem, stark konischem Messer geschieht, ist große Vorsicht nöthig. Man sucht zuerst die obere Gypsdecke zu entfernen und schlägt darauf in möglichst kleinen Stücken die rothgefärbte Gypskruste ab, wobei man stets darauf achten muß, daß man den Ausguß nicht verletzt.

Beim Abformen von Thonmodellen werden zuerst alle weiter abstehenden Theile mittelst eines feinen Drahtes abgeschnitten, so daß scharfe Schnittflächen entstehen, und diese Stücke in zweitheiligen Formen besonders abgeformt und gegossen. Im Uebrigen aber wird die ganze Figur ebenso behandelt wie die Büste, d. h. es wird ein Thonsteg um die Mitte des Restkörpers gelegt, hierauf zunächst die vordere, dann die hintere Seite in Doppellagen mit Gyps übergossen. Nachdem der Thon dann aus den getrennten Formstücken herausgenommen ist, diese ausgewaschen und mit Gyps voll oder hohl gegossen sind, werden sie von dem Einguß losgeschlagen, nach Art einer verlorenen Form. Nach dem Trocknen des Restkörpers und der Einzeltheile werden die letzteren wieder mit bloßem Gypse oder aber mittelst Zapfen angesetzt.

Das Eiseliren der Modelle geschieht mit Raspel, Riffelfeile oder Modellirholz meist schon im nassen Zustande, und das Feinmachen der Flächen mit Fischhaut (Stücke aus der trockenen Bauchhaut des Haifisches) statt mit Sandpapier oder Schmirgelleinwand, welche aufweichen und den Sand loslassen würden.

Bei dieser Gelegenheit muß auch erwähnt werden, wie gleich beim Abgusse Medaillonsporträts leicht mit Rahmen versehen werden können.

Den Rahmen hat man gezogen und auf diesen das Thonporträt gelegt. Nun macht man über den Rand des Rahmens eine Stückenform und über das Porträt eine verlorene Form in der beschriebenen Weise. Ist die aufgegossene Gypsmasse genügend hart, so gießt man, nachdem man Gußmarken gemacht, eine Kappe über das Ganze. Dann nimmt man den Originalrahmen ab und entfernt den Thon aus dem Mittelstück. Endlich schellackirt man die Randstücke und fettet sie ein, während das Mittelstück tropfnaß gemacht wird, und macht nun den Ausguß. Von diesem werden sich die Randstücke leicht lösen — das Mittelstück der Form muß tiefer liegen, so daß die Randstücke über sie greifen. — Das Mittelstück aber muß heruntergeschlagen werden.

Diese Art der Formung wendet man an, um auf dem Porträt kein Fett zu haben, was bei dem Nacharbeiten außerordentlich hinderlich ist. Handelt es sich nur um Abgüsse, die keiner großen Ueberarbeitung bedürfen, so wendet man die reine Stückenform oder Keilform an, was hauptsächlich über Gypsoriginalen geschieht.

Nehmen wir also an, wir hätten ein Porträtmedaillon in Gyps vor uns, von 24—26 Cm. Durchmesser, bei welchem an Ohr, Nase und Augen starke Unterschneidungen sich befinden, und bei welchem auch zu befürchten ist, daß in dem das Medaillon umgebenden Rahmen sich der aufgegossene Gyps festsetzen würde; also ein Relief, welches die Form in einem Stücke nicht losläßt. In solchen Fällen muß schlechterdings eine stückweise Abformung vorgenommen werden. Fig. 19.

Man sucht zunächst zu ermitteln, welche Flächen des Modelles je einzeln gegossene Stücke der Form loslassen

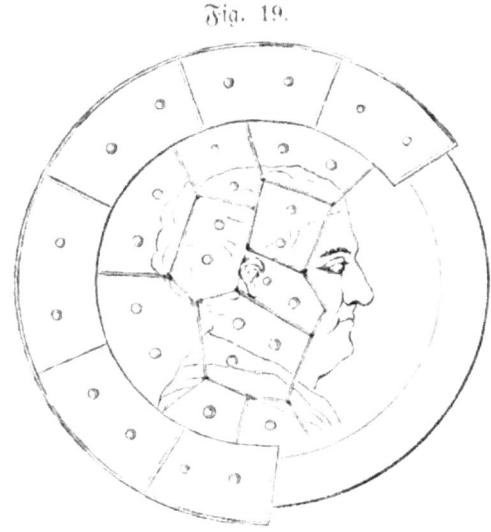

Fig. 19.

würden und merkt mittelst einer Bleistiftlinie die Lage dieser Stücke auf der ganzen Fläche an. Das Modell muß selbstverständlich zuvor gut gefirnißt oder mit Schellack=lösung überstrichen sein, so daß Wasser durchaus nicht eindringen kann. Die Oberfläche wird hierauf sorgfältig aber nicht zu stark eingefettet und die Herstellung der einzelnen Formstücke begonnen. Für diesen Zweck breitet man feuchten Thon zu einer Platte aus, schneidet aus

4*

derselben schmale, etwa 1 Cm. starke Streifen und umstellt damit eine oder mehrere der Flächen, die zuerst geformt werden sollen. In die so gebildeten Abtheilungen gießt man, unter Berücksichtigung der für blasenfreien Guß gegebenen Vorschriften, den Gypsbrei ein. Nachdem derselbe erstarrt ist und sich erwärmt hat, löst man zunächst die Thonstege und nimmt die Formstücke behutsam ab. Sie werden an allen Seiten scharfkantig beschnitten, schellackirt, an den Seiten eingefettet und wieder an ihre Stelle auf dem Modelle gesetzt und fest angedrückt, damit kein Zwischenraum entsteht. Dann werden die benachbarten Modellflächenstücke gegossen und ebenso behandelt. So fährt man fort, bis endlich alle Theile des Modells mit scharf aneinanderschließenden Formstücken bedeckt sind. Jetzt gilt es den Formstücken ein festes unverrückbares Lager zu geben. Figur 19 zeigt das zur Hälfte mit Formenstücken belegte Porträtrelief. Das geschieht durch Aufguß einer alle Stücke bedeckenden starken Gypslage, welche erstarrt den Namen Mantel oder Kappe führt. Ehe man jedoch den Gyps zur Bildung des Mantels aufgießt, schneidet man in jedes der einzelnen Formstücke kleine Vertiefungen ein, welche Gußmarken genannt werden, überzieht die ganze Fläche mit Schellacklösung und fettet sie tüchtig ein. Ist der Mantel erstarrt, so läßt er sich leicht abnehmen. Dann nimmt man auch nacheinander die einzelnen Formstücke vom Modelle und paßt sie an den durch die Marken deutlich bezeichneten Stellen des Mantels ein. Die Form wäre nun vollendet. Bevor sie jedoch in Gebrauch genommen werden kann, müssen sämmtliche Formstücke getrocknet und mit Firniß gestrichen oder noch besser getränkt werden. Will man die etwas langsame Methode des Firnissens, die allerdings sehr feste Formstücke liefert, nicht anwenden, so kann man sich auch der Schellacklösung zum Anstrich der Formstücke bedienen, welche augenblicklich trocknet.

Nachdem so das Innere der Form schellackirt und gefettet ist, kann der Guß in der oben angeführten Weise beginnen. Ist der eingegossene Gyps erstarrt, so kehrt man die Form um, nimmt zuerst den Mantel ab, dann vorsichtig die einzelnen Formstücke. Aus einer guten Form, d. h. aus einer solchen, die aus recht festem Gyps gegossen ist, und deren einzelne Stücke gut gefirnißt sind, lassen sich bequem 30 bis 50 gleich tadellose Abgüsse machen. Auf allen Abgüssen werden sich indessen an den Stellen, wo die Formstücke zusammenstoßen, feine erhabene Linien zeigen. Das sind die sogenannten Formnähte. Sie werden, nachdem die Abgüsse getrocknet sind, vorsichtig mit einer feinen Riffelfeile abgenommen. Nach dem Gebrauch wird die Form wohlbedeckt bei Seite gestellt, um sie vor Staub zu schützen.

Auch die Abgüsse müssen beim Trocknen aus demselben Grunde bedeckt gehalten werden. Sehr bequem kann man mitunter das Trocknen einer größeren Anzahl von Abgüssen beim Bäcker auf dem Ofen bewerkstelligen.

Um recht saubere Abgüsse zu erhalten, bedarf es natürlich eines recht weißen Gypses; man muß aber auch mit dem Einfetten recht vorsichtig sein, damit sich nicht eine graue Kalkseifenschicht auf der Oberfläche bildet und ihnen ein schmutziges Aussehen giebt. Diese Schicht macht aber hauptsächlich das Cisseliren und das Nacharbeiten der Oberfläche sehr schwierig, denn sie erschwert das Abreiben mit feinem Sandpapier und macht es sogar unmöglich, weshalb man denn auch, wie schon erwähnt, bei Originalgüssen den Wasserguß vorzieht.

Das Formen und Gießen einer Büste.

Es ist klar, daß ein runder Körper zum mindesten in zwei Stücken geformt werden muß. Bei einer Büste aber wird jede dieser Hälften wieder aus einer ganzen Anzahl

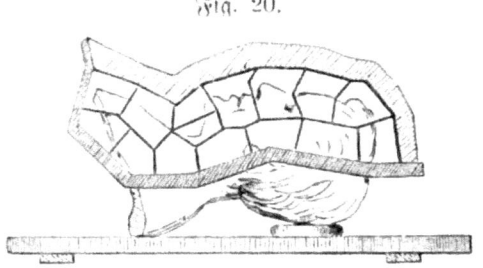

Fig. 20.

von Formtheilen bestehen müssen, je nachdem Haare, Ohren, Gewandstücke mehr oder weniger scharf unterschnitten sind.

Für die Anlage der Form theilt man die Büste, wie beim Wasserguß, in zwei Theile, einen vorderen und einen hinteren, indem man wie früher einen 2 Cm. breiten Thonsteg setzt (Fig. 20). Dann wird die Büste mit der Rückseite auf den Arbeitstisch gelegt und nun die Oberseite des Modelles ganz so behandelt, als wenn man ein Relief abzuformen hätte, welches nur durch Anwendung einer Stückenform möglich ist. Man beginnt also damit, daß man zuerst mittelst Thonstegen die Vorderfläche der Stirn mit einem Formstück bedeckt. Gegen dieses werden an beiden Seiten zwei weitere Stücke bis gegen die Schläfengegend gesetzt. Dann folgen zwei Stücke, die auf der Nasenhöhelinie zusammenstoßen; ein Stück kann die Mundpartie decken, zwei andere die Wangenflächen bis gegen die Ohren u. s. w. Genug, man formt nacheinander stückweise alle Theile der Vorderseite bis an den um die Büste gelegten Thonsteg. Fig. 20 giebt die Seitenansicht einer in der Form halbvollendeten Büste. Die Außenfläche der Formstücke wird dann wieder mit Guß= marken versehen, mit Schellacklösung bestrichen, eingefettet und mit einer starken Gypslage behufs Bildung eines sämmtliche Formstücke der Vorderseite der Büste umfassen= den Mantels übergossen. Nachdem dies geschehen, wird das somit zur Hälfte eingeformte Modell umgekehrt und nun mit der Rückseite ebenso wie bei einem stark erhabenen Relief verfahren. Endlich wird auch über sämmtliche Form= stücke der Rückseite ein dieselbe einschließender Mantel ge= gossen, womit die hauptsächlichste Formarbeit vollendet ist. Es wird nun zuerst das vordere Mantelstück abgenommen und in dieses die bezüglichen Formstücke gelegt, dann wird der hintere Mantel abgehoben und mit den zugehörigen Formstücken ausgelegt. — Die Form ist fertig bis auf das Trocknen und Firnissen.

Das Trocknen geschieht am besten so, daß man die einzelnen Formstücke herausnimmt, lose neben einander legt und sie so trocknen läßt, die beiden Mantelstücke aber mit Schnüren oder Stricken fest zusammengehalten der Wärme aussetzt. Durch das Zusammenbinden der Mantelstücke ver= hindert man das Werfen derselben, wozu der Gyps naß, sich selbst überlassen, gern geneigt ist. Nachdem die Form= stücke vollständig trocken sind, wird jedes einzeln vorge=

nommen, nachgesehen und nach allen Seiten mit Firniß bestrichen. Man wiederholt dies Bestreichen am besten in größeren Zwischenpausen von 1—2 Tagen, damit der frühere Firnißanstrich erst trocken werden konnte. Man muß Firniß so lange auftragen, bis die Oberfläche förmlich glänzend ist. Daß man durch Wärme das Austrocknen des Firnisses beschleunigen kann, ist bekannt, doch muß man sich in Acht nehmen, daß man dabei den Gyps nicht zu sehr erhitzt und so die Formstücke selbst verbrennt. Um dieselben recht hart und wasserfest zu machen, kann man die Formstücke selbst vollständig in Firniß tauchen und sie durchtränken lassen.

Sollen nun aus der so erhaltenen Form Ausgüsse gemacht werden, so fettet man die einzelnen Formstücke sorgfältig ein, legt sie in den zugehörigen Mantel, wischt alle überschüssige Fettmasse aus der vollständig zusammengesetzten Formhälfte aus, um eine sich womöglich gelbfärbende Fetthaut auf dem Abgusse zu vermeiden, rückt dann beide Formhälften in verticaler Stellung vorsichtig gegen einander und schnürt sie mit Stricken und Knebeln fest zusammen. Jetzt wird zuerst eine kleine Portion Gyps, ziemlich dünn angerührt, in die hohle Form gegossen, diese nach allen Seiten umgeschwenkt, so daß die Innenseite überall mit Gypsbrei benetzt wird und dann wieder, wie beim Wasserguß, ausgegossen. Sobald aber der in ein Gefäß abgegossene Gyps etwas steif zu werden beginnt, gießt man ihn von neuem ein und schwenkt die Form so lange um, bis die Masse nicht ausläuft. In derselben Weise verfährt man mit einer zweiten, resp. dritten Portion, bis die nöthige Stärke des Ausgusses erreicht ist. Hierauf läßt man die Form ruhen bis Erwärmung und wieder Abkühlung erfolgt ist, löst dann die Schnüre, nimmt die Mantelstücke ab und entfernt nun vorsichtig, höchstens durch Klopfen mit einem Holzhammer auf die Außenseite, die Formstücke vom Abgusse. Durch das Hohlgießen erspart man einestheils Gyps und vermeidet anderntheils auch unnütze Schwere der Figuren. Die hausirenden Italiener gießen freilich ihre Stücke so dünn, daß sie oft durch den geringsten Anstoß zusammenbrechen.

Form und Guß einer Statuette.

Die Herstellung einer Form für eine ganze Figur kann nach dem Voranstehenden keine besonderen Schwierigkeiten mehr machen. Hier ist zunächst zu erwägen, ob die Figur mit all' ihren Theilen zum Abformen überhaupt geeignet ist. Dies ist aber erst der Fall, wenn die Arme dicht anliegen, die Füße nicht weit auseinanderstehen und auch Gewandstücke nicht etwa weit hervortreten. Ist dies aber nicht der Fall, ist ein Arm, ein Fuß weit vorgestreckt, so muß dieser vom Modell abgetrennt werden, was bei Gyps leicht mit einem zusammengedrehten Drahte, einer sogenannten Drahtsäge, geschehen kann. Die Ansatzstellen werden genau markirt, um die genaue nachmalige Zusammenfügung zu ermöglichen.

Nachdem so die stark nach außen springenden Theile entfernt sind, sucht man, gerade wie bei Beginn der Büstenform, die Figur in zwei Hälften zu zerlegen, und zwar durch eine Linie, die vom Scheitel nach den Schultern über die Hüften, zu den Füßen und über die halbe Plinthe gezogen wird. In der Richtung dieser Linie legt man ringsum einen Thonsteg und formt bis gegen diesen zuerst die ganze Vorderfläche mit Stücken und Mantel, wendet die Figur um, entfernt den Steg und formt hiernach die Rückseite der Statue vollständig fertig. Daß man bei Herstellung der einzelnen Formstücke die Seitenflächen gehörig einzufetten hatte, damit sie nicht aneinander festhaften, daß man vor dem Aufgießen der Mantelhälften die Formoberfläche gut mit Schellacklösung zu überziehen und einzufetten hatte, versteht sich aus dem Vorhergesagten wohl von selbst.

Nachdem die Mantelstücke gehörig fest geworden sind, werden sie abgenommen und mit den ihnen zugehörigen Formstücken ausgelegt. Jetzt kann man nun übersehen, ob die Form ohne Fehler ausgefallen ist. — Dann werden auch die abgeschnittenen Modelltheile einzeln geformt, was in manchen Fällen nur wenig Mühe machen wird. Das Trocknen erfolgt in der angegebenen Weise. Die Mantelhälften legt man für diesen Zweck für sich zusammen und breitet die Formstücke auseinander. Endlich werden die Stücke gut gefirnißt oder schellackirt und die Form ist für den Guß vorbereitet.

Der Ausguß der Statuettenform erfolgt ganz ebenso wie bei der Büste. Nachdem die Formhälften gehörig, aber nicht übermäßig eingefettet, zusammengelegt und festgeschnürt sind, wird zuerst ein dünnerer Gypsbrei eingegossen und durch Umschwenken allseitig im Innern vertheilt. Dann folgt ein zweiter und dritter Einguß; nur in seltenen Fällen wird man die Figuren mit einem Gusse fertig stellen. Das Umschwenken, Auslaufenlassen und Wiedereingießen muß immer geschehen, um Blasen zu vermeiden.

Hat man so von dem Mittelstück und den Einzeltheilen Abgüsse gemacht, so werden sie an den bezüglichen Stellen genau angesetzt.

Fertigstellung der Gypsabgüsse.

Es ist durchaus Regel, daß man Reparaturen, Ciselirung und Zusammensetzung neuer Gypsabgüsse nur nach vollständigem Trocknen vornimmt; denn naß reparirte Stücke zeigen an den mit dem Messer, dem Kratzeisen oder der Riffelfeile bearbeiteten Stellen gelbliche Eisenflecke; auch wird an diesen Stellen der Gyps härter als an den übrigen, überzieht sich mit einer dichten Haut, die nachher nur schwierig sich mit Sandpapier oder Schmirgelleinwand wegnehmen läßt. Beim Trocknen auf Backöfen thut man wohl, die Stücke mit Papier zuzudecken, um Staub abzuhalten. Das Ausbessern, Ausfüllen von Blasen, Löchern darf nicht mit frischem Gypse geschehen; die bezüglichen Stellen muß man zuvor gut benetzen, was durch Auftragen von Wasser mittelst eines Schwammes oder Pinsels geschieht. Der zum Ausbessern zu benützende Gyps muß alt, mit der Luft schon in Berührung gewesen, d. h. abgestanden sein. Derselbe wird sehr dünn, d. h. mit einem Ueberschusse von Wasser angerührt und erst aufgetragen, wenn er schon vollständig im Abbinden begriffen ist. Würde man frischen Gyps auftragen und mit wenig Wasser, so bindet derselbe zu rasch, wird durch Wasserentziehung seitens des zu reparirenden Stückes ungemein hart, so daß er sich kaum mit der Feile bearbeiten läßt, und beim Bearbeiten mit Sandpapier die reparirten Stellen in bläulicher Farbe über die Umgebung vortreten macht. Solche bläuliche Färbung und Härtung tritt sehr leicht ein; um sie zu vermeiden, muß man trotz Anwendung von abgestandenem Gypse die reparirten Stellen häufig mit Wasser benetzen. Ist es jedoch nothwendig oder unvermeidlich naß zu repariren, so geschieht dies mit Riffelfeile und Fischhaut, nicht mit Sand- oder Schmirgel-papier.

Um nun Gypsstücke mit einander zu verbinden, z. B. die Arme mit dem Körper der ausgegossenen Figur, Büsten mit dem zugehörigen Piedestal, Figuren auf der Plinthe festzustellen, bedarf es großer Sorgfalt. Der anzusetzende Fuß oder Arm wird kurze Zeit in Wasser getaucht, die Ansatzstellen am Körper gehörig mit Wasser benetzt, hierauf das Stück des anzusetzenden Theiles mit fast dickgewordenem Gypse bestrichen und nun rasch an die bezügliche Körper-stelle gedrückt und in ruhiger Lage solange unverrückt mit der Hand gehalten, bis das Stück festsitzt und sich selbst tragen kann. Mitunter ist es vortheilhaft, die Ansatzstellen vorher rauh zu schneiden oder auch an dem einen Stück Vertiefungen zu schneiden, um einen zapfenartigen Einsatz zu bewirken oder zur Verstärkung Metallstifte einzulegen. Benützt man Eisenstücke als Einlage, so müssen sie mit Asphaltlack oder Schellack bestrichen sein, weil sie sonst rosten und der Rost sehr bald im nassen Gyps an die Oberfläche dringt und häßliche, gelbe Flecke erzeugt. Man darf also niemals Eisen unüberzogen mit nassem Gypse zusammen bringen. Zu Henkeln für Gypsbilder bedient man sich deshalb lieber des Messingdrathes oder des galvanisch verkupferten oder verzinnten Eisendrahtes.

Zweiter Abschnitt.

Theorie der Bildhauerei.

Allgemeines über plastische Darstellung.

Der Bildhauer ist mit seinen Schöpfungen in verhältnißmäßig enge Grenzen eingeschlossen. Der Hauptgegenstand seiner künstlerischen Darstellungen ist der menschliche Körper, sei es, daß er ihn in voller aufrechter Form zeigt, dann ist es, in natürlicher oder in einer darüber hinaus gehenden Größe, eine Statue, unter derselben bleibend, eine Statuette. Sind aber die Körperformen nur nach einer Seite entwickelt, so entsteht ein Relief; ein Basrelief, wenn die Formen nur wenig über die Platte, welche die Darstellung trägt, heraustritt; es nähert sich einer Zeichnung: ein Hautrelief, wenn die Glieder des Körpers zwar rund, völlig entwickelt, aber doch nach Möglichkeit so gestellt sind, daß sie sich mehr in horizontaler Richtung ausbreiten, so daß sie der Hinterplatte nur als Anlehnung und Halt bedürfen.

Wenn der Bildhauer (Plastiker) fast nur den menschlichen Körper als Vorlage hat, so versteht es sich von selbst, daß auch die größten Ansprüche in dieser Richtung an seine Leistungen gemacht werden; jeder Fehler kommt bei einer runden Figur zum Vorschein, und dazu wird obendrein noch verlangt, daß seine Figurenschöpfungen von allen

Seiten eine wohlthuende, das Auge voll befriedigende Wirkung machen sollen, was freilich von einigen Seiten oft eine schwierige, ja fast unlösbare Aufgabe ist. Am besten ist der Künstler daran, wenn er mit der Architektur in directe Verbindung treten kann; denn dann hat er einen festen passenden Hintergrund; die Rückseite ist gedeckt. Ursprünglich haben denn auch die Bildhauerarbeiten die großen architektonischen Schöpfungen zu beleben und mit der belebten Umgebung in Einklang zu bringen. Da finden wir denn Statuen auf Firsten und Ecken des Daches, im Tympanon des Giebelfeldes der Tempel, in den umgürtenden Friesen, auf Pilastern, in Nischen u. s. w. harmonisch zum Ganzen wirkend. Der Bildhauer, dem für seine Figuren der Platz vom Architekten angewiesen ist, hat wenig Sorge, und ihm bleibt nur zu berücksichtigen, kommt die Statue hoch oder tief zu stehen; darnach richtet sich der Grad der Ausführung im Einzelnen. Bei niedriger Aufstellung erfordert die Arbeit die größte Sorgfalt. Bei hoher Aufstellung ist dies weniger nöthig, es ist hauptsächlich auf Wirkung in der Ferne zu sehen, auch wird es manchmal nöthig, wegen der durch den schrägen Aufblick sich verkürzenden Formen, die senkrechten Ausdehnungen über das wahre Maß zu erhöhen.

Eine nicht minder wichtige Rolle spielt die Beleuchtung. Eine Figur im Freien sieht oft ganz anders aus als im Atelier. Im Freien fällt das Licht von allen Seiten auf die Figur, die, aus der Werkstatt herausgebracht, förmlich zusammenzuschrumpfen, dünn und mager zu werden scheint. Da werfen die horizontalen Vorsprünge die tiefsten und schärfsten Schatten, schneiden in höchst unangenehmer Weise in die Körperformen ein und die Figur gleichsam auseinander. Es sind also horizontale Gliederungen der Bekleidung für im Freien aufzustellende Figuren zu vermeiden.

Was die Größe der plastischen Darstellungen im Allgemeinen betrifft, so muß man an den Grundsatz erinnern, daß Größe überhaupt ein relativer Begriff ist. Eins wird nur durch das Andere groß oder klein. Eine Statue von Mannesgröße sieht in einem gewöhnlichen Wohnzimmer zu groß aus, dieselbe auf ein Piedestal von gleicher Höhe auf einen großen Platz gestellt, erscheint von ferne wie ein Zahnstocher. Da ist z. B. der Schiller; sammt seiner kunstreichen Gesellschaft mythologischer Figuren vor dem Schauspielhause in Berlin stehend, kann er sich gegen die gewaltige Architekturmasse seines Hintergrundes trotz Ueberlebensgröße nicht behaupten. Goethe und Schiller als Doppelstatue dagegen in Weimar wirken imponirend, weil die Umgebung unbedeutend ist. Ein plastisches Kunstwerk kann überhaupt nicht überall hingestellt werden, wie eine Commode oder Tische und Stühle. Am possirlichsten kommen mir immer Büsten auf Schränken und Oefen vor. Ebenso gut könnte man ja auch Visitkartenporträts an der Balkendecke anheften. Eine Büste muß so hoch stehen, daß Halsgrube und Augenhöhe des Beobachters in derselben Höhe sich befinden.

Die Schönheit des menschlichen Körpers wiederzugeben ist vor Allen den Künstlern des classischen Alterthums gelungen. Auf die Köpfe legten sie weniger Gewicht, die Körper, selbst ihrer Götter, waren vollständig nackt. In Griechenlands warmem Klima hatten die Menschen überhaupt wenig Bedürfniß, den Körper zu bedecken.

Die Athleten wurden nackt dargestellt, der Cultus des Nackten ging auf die Römer über. Die Einführung des Christenthums aber verbannte diesen Cultus. Dadurch aber vergaßen die Künstler bald die Formen des Körpers und legten nur Fleiß und Sorgfalt auf die Darstellung von Kopf, Füßen und Händen. Erst seit Anfang des zwölften und im dreizehnten Jahrhundert kam man wieder zu der Einsicht, daß die wahrhaft befriedigende Darstellung auf die Formen des Körpers losgehen müsse, wie er, aus der Hand des Schöpfers hervorgegangen, sich zeigte. Man componirte also, da die christliche Kirche mit ihren biblischen Geschichten und Legenden wenig Stoff bot, nach Mythen der Griechen wieder nackte Gestalten: Nymphen, Najaden, Faune, Satyre und dergleichen und verstieg sich vornehmlich zu Allegorien, leider nur für Wenige, wie Bilderräthsel verständlich, die trotzdem aber bis in die neueste Zeit ihre Liebhaber fanden. Von den allegorischen Darstellungen ist man jedoch heutzutage glücklich wieder erlöst. Man fängt jetzt wieder an zu bekleiden, das heißt den nackten Körpern in Museen Feigenblätter vorzulegen. Aber auch Maskeraden mit römischen Costümen sind stark Mode geworden.

Ludwig der XIV. und XV., August der Starke, sind als Imperatoren dargestellt. Selbst der geniale Schinkel wollte Friedrich den Großen in gleichem Styl. Aber Schadow zeigte an seinem Stettiner Friedrich, wie das zeitgemäße Costüme zu behandeln sei, ebenso auch durch seinen alten Dessauer, Rauch durch seinen Blücher. Freilich der große Mantel mit seinen Faltenmassen war ab und zu doch nicht zu entbehren, denn die moderne Tracht ist doch gar zu unbequem, höchstens bietet noch die Uniform des Soldaten einigermaßen malerische Motive. Unter diesen Umständen sind Büsten am bequemsten, natürlich bekleidet, da man die Leute nur in ihrem Alltagsanzug, Rock, Kragen und Halstuch kennt, und auf diesem Wege die Porträt=

ähnlichkeit, worauf doch viel ankommt, am leichtesten erreicht. Schwierigkeit macht freilich öfter die Farbe des Originals, schwarzes Haar im Gegensatz zur hellen Gesichtsfarbe! Nun denn, anmalen! oder auch nicht? wir kommen nochmals auf diese Frage zurück.

Wenn auch schon in vorstehender allgemeiner Betrachtung einige nicht unwesentliche Andeutungen über plastische Compositionen gegeben sind, so kann ich doch nicht umhin, auf die werthvollen, von einem der genialsten Kunstkritiker der Gegenwart, Dr. Max Schasler, für plastische Schöpfungen festgestellten Principien zu verweisen und so unsere Betrachtungen auf das Feld der Kunst-Aesthetik überzuführen.

Die Architektur arbeitet mit großen Massen und ist deshalb fest an einem bestimmten Platz gefesselt. Der Stoff spielt die Hauptrolle, seine Gestaltung ist und bleibt starr, erst die Plastik giebt organische, gegliederte Gestalten.

Die Plastik scheint von der Architektur geboren, indem letztere sich organisch zu entwickeln bestrebt und sich gleichsam zu schmücken sucht, mußte sie die lebende Natur zu Hilfe nehmen: Pflanzen-, Thier-, Menschengestalten.

Für die Architektur gaben die Opferstätte, das Grabdenkmal, der Tempel den ersten Anstoß; daraus folgte eine bildliche Darstellung der Gottheit, Fetisch in Thiergestalt. Das Grabdenkmal war ursprünglich blos Steinumhüllung, die Versinnbildlichung des Helden, die Heldenstatue, denn die Schönheit der menschlichen Gestalt lud ein zu ihrer Darstellung.

Die Bibel sagt, Gott habe den Menschen nach seinem Ebenbilde erschaffen, das heißt in der plastischen Idee ausgedrückt: der Mensch stellt Gott nach seinem Bilde vor. Das Wesen der Plastik im Unterschied von der Architektur besteht darin, daß sie, indem sie zur Darstellung der schönen Menschengestalt übergeht, die Symmetrie und Starrheit des Mechanismus in Fluß bringt und die Gestalt als bewegt, also als lebend zum formalschönen Ausdruck bringt.

Die Plastik trägt das Gepräge der formalen Idealität auch in der Farblosigkeit des Materials auf die reine Form beschränkt. Die Plastik hat im Unterschied zur Malerei als Gebiet ihre Ideal-Vorstellung; die Malerei wirkliche in die Zeit fallende. Die Götter Griechenlands zeigen kein Alter, vielmehr ewige Jugendlichkeit; wollten die griechischen Bildhauer Kinder darstellen, so verkleinerten sie nur Jünglinge oder Jungfrauen; also ist Zeitlosigkeit der Charakter plastischer Schöpfungen.

Object, Mittel und Material der plastischen Darstellung, das Ideal der Schönheit, wird in der Plastik erreicht, in der Architektur angestrebt, in der Malerei überschritten. Zu den Motiven der Plastik gehört die Vorstellung der Gottheit, allegorische Vorstellungen in Bezug auf Heroen und Helden in symbolischer Verbindung, Gestalten der Tapferkeit, Gerechtigkeit. Als genremäßige Darstellungen darf man in dieser neuere Schöpfungen: Fischermädchen, ein Netz flickend, Kinder ballspielend, Mädchen mit der Spindel, als Nippsachen in vergrößertem Maßstabe betrachten. Als Malerei betrachtet, bieten sie sehr poetische Motive.

Zwischen Porträtmalerei und Porträtplastik besteht der Unterschied, daß das Colorit fehlt, letztere muß also stylisiren; freilich ein im Styl der Monumentalbüste gemaltes Porträt macht einen unwahren lächerlichen Eindruck. An die Monumentalplastik im engeren Sinne schließt sich als Motiv die Athletenstatue. Polyklet und Lysypos wollten ein Canon der reinen menschlichen Schönheit darstellen, aber nur in einer einzigen Form.

Die Plastik hat zu berücksichtigen die Größenverhältnisse des Werkes und den Unterschied zwischen Standbild und Büste, ob Rundform oder Relief und den Gegensatz zwischen nackter Figur und Gewandfigur, sowie Ausdruck und Haltung.

a) Das Größenverhältniß ist nothwendig durch das Maß der inneren Großheit des Objectes der Darstellung bedingt; eine Athletenfigur wird sich nicht bis zu der Größe eines Götterstandbildes ausdehnen dürfen, und wenn in der späteren Zeit der antiken Sculptur die römischen Kaiser ihre Standbilder in kolossalem Maßstabe ausführen ließen, — die Kolossalstatue des Nero in Rom maß volle 110 Fuß — so beruht solche Verirrung eben in der eitlen Selbstvergötterung, zu der sich diese Despoten selber aufbauschten. Aber auch die Götterstandbilder haben ein gewisses Maß der Vergrößerung innezuhalten, um nicht durch ihre blos räumliche Größe dem Werke der Architektur Concurrenz zu machen und sich dadurch selber künstlerisch zu degradiren; dies ist schon deshalb nicht zulässig, weil das Bauwerk, seiner dem Gebiete der unorganischen Natur angehörigen Schönheit halber, (gleich einer Felspartie) als Ganzes erst auf eine Entfernung wirkt, in welcher die organische Schönheit des plastischen Bildwerkes (wie die menschliche Gestalt selbst, namentlich das Antlitz), was Haltung und Ausdruck betrifft, nicht mehr deutlich zu erkennen wäre; und wenn selbst zur Zeit der höchsten Kunstblüthe diese Grenze dennoch vielfach überschritten wurde, wie in den schon angeführten Beispielen der gegen 13 Meter (ohne Postament) hohen Tempelbilder des »Olympischen Zeus« und der

»Athene Promachos« von Phidias, sowie in der nicht viel kleineren Kolossalstatue der »argivischen Here« von Polyklet, in den über 45 Meter hohen »Rhodischen Sonnenkolossen« u. a. m., so gehören dieselben theils, wie die letztgenannten Bildwerke und die »Nerostatue«, einer bereits sinkenden Kunstepoche an, theils haben sie, wie die ersteren, eine im religiösen Cultus wurzelnde Bedeutung und erfordern deshalb auch eine andere als rein ästhetische Schätzung.

Wenn jedoch in heutiger Zeit dergleichen plastische Ungethüme, wie beispielsweise die »Bavaria« in München, die »Germania« auf dem Niederwalddenkmal u. a. m. geschaffen werden, um womöglich die Größenverhältnisse der Antike noch zu überbieten, so läßt sich dies vom Standpunkte einer wissenschaftlichen Aesthetik nicht rechtfertigen, weil sich dadurch die Kunst auf den Standpunkt der altorientalischen Kunst zurückschraubt, deren Werken, z. B. den kolossalen Sphinxen, gegenüber man im Zweifel sein kann, ob es sich überhaupt noch um ein Werk der Plastik oder aber um ein solches der Architektur handelt. Sondern ein ästhetisch gereinigter Geschmack muß die Forderung stellen, daß in solchen Fällen wirklich zur Architektur übergegangen werde und die Plastik dabei nur in ornamentaler Weise, wenn auch figürlicher Form, zur Verwendung gelange. — Aber auch nach der entgegengesetzten Richtung, nämlich nach der Verkleinerung, verlangt die Plastik ein nicht ohne Nachtheil für die ästhetische Wirkung zu überschreitendes Maß. Der ihr beiwohnende Charakter der Monumentalität, d. h. der ideellen Großheit, duldet keine miniaturartigen Verhältnisse; die alten Griechen haben einen kleinen, d. h. unterlebensgroßen Maßstab — außer wo es sich um kunstindustrielle Zwecke oder um architektonische Decorationen handelt — bei rein plastischen Werken meist nur dann angewandt, wenn sie damit das jugendliche Alter der Personen andeuten wollten. Statuetten und Büsten unter Lebensgröße werden immer einen kleinlichen nippfigurenartigen Eindruck machen.

b) Der Unterschied von Standbild und Büste hat an den Gesetzen des Größenverhältnisses im Allgemeinen gleichen Antheil, nur daß die Statue, weil sie einen entfernteren Standpunkt der Betrachtung verlangt, um in ihrer Totalität zur Anschauung zu kommen, eher eine Vergrößerung verträgt. Dies betrifft jedoch hauptsächlich nur die Porträtdarstellung im engeren Sinne. Wo es sich dagegen um den monumentalen Charakter der Büstenform handelt, da ist sogar die Forderung eines kolossalen Maßstabes um so mehr gerechtfertigt, als es Fälle giebt, in denen für die monumentale Versinnbildlichung selbst berühmter Persönlichkeiten die statuarische Form unzulässig erscheint. Im Allgemeinen pflegt man der Statue eine höhere ästhetische Bedeutung beizulegen als der Büste; und dies hat auch bei reinen Idealfiguren seine vollkommene Berechtigung, da die Büste, gleich dem gemalten Porträt, ihrer Natur nach sich wesentlich auf die Darstellung einer realen Persönlichkeit zu beschränken pflegt, und »Idealbüsten« — um diesen Ausdruck zu brauchen — fast immer einen unfertigen, fragmentarischen Eindruck machen.

Wenn dagegen in der monumentalen Bildnißplastik der Statue, lediglich ihres größeren Umfanges oder gar der schwierigeren, bezw. kostbareren Herstellung wegen, an sich ein höherer ästhetischer Werth als der Büste beigelegt wird, indem man die erstere Form — wie der beliebte Comitéausdruck lautet — als die »würdigere« bezeichnet, so ist dies ein Standpunkte des ästhetischen Laienthumes, auf welchem ein Kunstwerk nach dem Preise, den es gekostet, gewürdigt wird, und welcher daher von der Aesthetik überhaupt nicht zu berücksichtigen ist. Im Allgemeinen eignen sich für Männer der praktischen Intelligenz, wie sie der Kürze halber bezeichnet werden können, z. B. Fürsten, Staatsmänner, Feldherren, Kanzelredner u. s. f. die Formen der Statue, für Männer der theoretischen Intelligenz dagegen, wie Gelehrte, Künstler, Dichter, Musiker u. s. f. die Form der Kolossalbüste am meisten, u. zw. nicht nur deshalb, weil die ersteren mit ihrer ganzen persönlichen Erscheinung in der Volksanschauung leben, während bei den zweiten der Kopf das Wesentliche ist, sondern auch, weil die ersteren vor der zweiten den Vortheil eines der Modelaune nicht unterworfenen repräsentativen Costüms besitzen. Denn das Costüm ist überhaupt ein bei der Denkmalplastik sehr in's Gewicht fallendes Moment; eine Frage, welche gewöhnlich zu der Alternative, ob ideales oder Zeitkostüm zu wählen sei, sich zuspitzt. »Zeitcostüm« ist freilich ein sehr vager Ausdruck; es fragt sich vor allen Dingen, welcher Zeit das Costüm angehöre, um darüber zu entscheiden, ob dasselbe monumental verwendbar sei. Das antike Costüm war seinerzeit auch »Zeitcostüm«, aber es war zugleich idealer Natur, weil es weder, im Widerspruch mit der natürlichen Schönheit der Körpergestalt und deren Bewegungen, zu conventionellen, nur der Modelaune entsprungenen Formen zugestutzt war, noch durch die Freiheit, welche es in seinem Faltenwurf dem Träger gewährte, eine charakteristische Individualisirung erschwerte.

Deshalb gestaltete es sich zum Vehikel plastischer Anmuth, zum wahrhaften »Echo der Gestalt;« es spiegelte gleichsam die durch das ganze antike Leben hindurchgehende und so auch die gesammte antike Kunst beseelende Tendenz auf plastische Gestalt wieder — im Unterschiede von der Tendenz auf malerische Wirkung, welche das Leben und die Kunst des Mittelalters und der Renaissance, ja der Zopfzeit charakterisirt; — und dieses wesentlich plastische Gepräge der antiken Gewandung ist es, welches ihr einen natürlichen Charakter monumentaler Idealität verleiht und sie dadurch zur absoluten Form in allen Fällen stempelt, wo die Sculptur mit rein idealen Gestalten zu thun hat.

Eine sehr andere, nämlich gänzlich unberechtigte Bedeutung gewinnt aber die Antikisirung des Costüms, wenn sie, wie häufig geschieht, zur bloßen Maskirung des modernen Zeitcostüms gemißbraucht wird. Die modernen Künstler, in die Mitte gestellt zwischen zwei einander widersprechende Forderungen, nämlich die monumentale Idealisirung und die zeitcostümliche Realistik, versuchen diesen Widerspruch gewöhnlich durch einen Compromiß zu lösen, indem sie zwar der letzteren Forderung möglichst Rechnung tragen, zugleich aber diejenigen Partien des Zeitcostüms, welche der anderen Forderung gegenüber allzu trivial erscheinen würden, durch einen in antiken Faltenwurf hineingezwängten Mantel zu verdecken sich bemühten: ein Verfahren, das, abgesehen von dem unvermeidlichen Eindruck der Absichtlichkeit und Unnatur, niemals zu einer einheitlichen, echt plastischen Wirkung führen, geschweige denn dem Werke das Gepräge echter Monumentalität verleihen kann. Auch nach dieser Seite hin erweist sich nun die Wahl der Kolossalbüstenform für Männer der theoretischen Intelligenz als die zweckmäßigste, weil sie alle solche ästhetischen Halbheiten und künstlerischen Schwierigkeiten beseitigt, da hiebei von keinem

Costüm, geschweige denn von einem Zeitcostüm überhaupt die Rede ist.

Es ist offenbar ein großer Vortheil für den Künstler, wenn er, unbeirrt durch eine verfälschende und ihn nur unsicher machende Rücksichtnahme auf die zu idealisirende Behandlung des Costüms und, im Zusammenhang damit, auf die plastisch wirksame Haltung und Bewegung des Körpers, seine ungetheilte Aufmerksamkeit auf die energie- und geistvolle Ausarbeitung des Kopfes, der doch schließlich immer die Hauptsache, ja das einzig Monumentale eines solchen Denkmals bleibt, verwenden kann. Ohnehin wird durch die niedrigere und darum naturgemäßere Stellung des Kopfes — da hier das Postament die Stelle des Körpers einnimmt — dem Beschauer die Möglichkeit gewährt, ohne Besorgniß der Halswirbelverrenkung und unbeengt von dem sonstigen unwesentlichen und nur störenden Exterieur, sich der Betrachtung eines solchen Denkerkopfes hinzugeben. — Endlich gewährt diese Denkmalform eine glückliche Verbindung der Plastik mit der Architektur. Wenn man erwägt, daß jedes Denkmal — sei es nun Statue oder Büste — doch nur immer eine Hauptansicht darbietet, in der es den wirksamsten Eindruck hervorbringt, so ergiebt sich das Bedürfniß eines architektonischen Abschlusses nach den anderen drei Seiten, entweder in der Form einer halbrunden Säulenhalle oder einer festen Wandnische unter passender Bedachung, die außerdem einen für das nördliche Klima sehr ersprießlichen Schutz gegen Witterungseinflüsse gewährt, ganz von selbst. Zugleich bietet solche Umgebung Gelegenheit für Anbringung von Inschriften oder Reliefs, deren Inhalt sich auf die Wirksamkeit des durch das Denkmal geehrten Mannes zu beziehen haben, und die ohnehin eine viel concretere Bedeutung in dieser Hinsicht haben, als jene bis zum Ueberdruß sich stets wiederholenden, ebenso unverständlichen wie bedeutungslosen conventionellen Allegorien, welche in Form weiblicher Idealgestalten nur der ornamentalen Ausfüllung halber die Postamente zu umgeben pflegen.

Was die sonstigen Unterschiede der Statue und der Büste betrifft, so bedarf die erstere, falls sie nicht mit der Architektur, z. B. als Nischenfigur, im Zusammenhange, sondern selbstständig auf einem freiem Platze steht, des Piedestals, welches weniger ein das Bildwerk mit dem Boden verbindendes, als es vielmehr davon trennendes Element ist, insofern es die dargestellte Persönlichkeit über das irdische Niveau hinaus in eine seiner inneren Größe entsprechende ideale Höhe rückt. Das Piedestal hat, abgesehen von seiner figürlichen Ornamentik, einen architektonischen Charakter. Wie das eigentliche Bauwerk selbst, von entweder geradlinigem oder rundem Durchschnitt, breitet es sich nach unten, gleich dem Sockel der Säule, aus, um einen formalen Abschluß gegen den Boden und zugleich einen Uebergang zu diesem zu bilden, während es nach oben, in seiner Function als Fußgestell, ähnlich dem Capitäl der Säule als Trägerin der Bedachung, ebenfalls, jedoch in geringerem Maße als unten, ausladend abschließt. Dem Piedestal der Statue entspricht bei der Büste das Postament, welches noch mehr als jenes der einfachen Säulen- oder Pfeilerform sich nähert und daher, entsprechend dem abstrakteren Charakter der monumentalen Büstenform, die Trennung vom Boden noch stärker markirt, namentlich wenn sich damit eine die ästhetische Wirkung erhöhende, ausdrücklich für die Büste entworfene architektonische Umschließung verbindet.

Sowohl diese, wie die Flächen und Ecken des Statuenpiedestals, bieten dann Gelegenheit und Raum zu plastisch-ornamentalen Figuren, sei es in Rundform oder in Relief, deren Composition sich auf die Hauptfigur durch allegorische Andeutung der vornehmsten Eigenschaften und Thaten der durch das Werk gefeierten Persönlichkeit zu beziehen hat.

c) Ein wesentliches Element der künstlerischen Wirkung des plastischen Werkes ist die Gewandung überhaupt. Zunächst handelt es sich dabei um die Frage, unter welchen Bedingungen eine plastische Figur überhaupt eine Gewandung fordert, und unter welchen andern völlige Nacktheit zulässig, bezw. geboten scheint. Von vornherein ergiebt sich aus der verschiedenen Natur der beiden Schwesterkünste Plastik und Malerei, daß die erstere schon deshalb, weil sie wesentlich auf die Darstellung der organischen Formenschönheit des menschlichen Körpers in seiner Gesammtgestaltung angewiesen ist, ein unbedingteres Anrecht auf die Darstellung des Nackten besitzt als die Malerei. Aber ein tieferer Grund liegt außerdem darin, daß die reine Form, indem sie von dem durch das Colorit erzeugten Schein der Naturwirklichkeit abstrahirt, an sich eine abstraktere Idealität besitzt als die Farbe; ein Punkt, der übrigens nicht nur ästhetisch, sondern auch ethisch von schwerwiegender Bedeutung ist. Für eine noch unbefangene und reine Anschauung wird beispielsweise eine nackte weibliche oder männliche Statue, etwa eine »Venus« oder ein »Apollo«, keinerlei sinnlichen Reiz ausüben, während dieselben Gestalten als Gemälde nothwendig auf solche Weise wirken. Es ist durchaus nicht als affectirte Prüderie zu bezeichnen — ein Vorwurf, den man nicht selten aus dem Munde gewisser Maler hört, die im »schönen nackten Weiberfleisch«

arbeiten, weil sie mehr oder weniger bewußt auf die Wirkung solchen sinnlichen Reizes speculiren, — wenn im Gegensatze zur Plastik, der Malerei, wenigstens in der Form des coloristisch auf Naturwahrheit abzielenden Staffeleigemäldes, aber eine ästhetische Berechtigung auf die Darstellung völliger Nacktheit unbedingt abzusprechen ist, obgleich von officieller Seite her, trotz der »Sixtinischen Madonna,« die ebenso schiefe wie kühne Behauptung aufgestellt worden ist, die Malerei habe »von jeher die Darstellung des Nackten als ihre Hauptaufgabe betrachtet;« schief deshalb, weil dabei ebenfalls Object und Mittel verwechselt wird: Die »Hauptaufgabe,« d. h. das Object der Malerei, besteht nicht in der Darstellung von nacktem Fleisch, sondern in der Gestaltung von Ideen durch das Mittel der Farbe und Form; ein Gesichtspunkt, der, wie es scheint, dem akademischen Kunstverständniß fern liegt.

Die Frage nach der ästhetischen Berechtigung der Darstellung des Nackten führt zu einem anderen, für die Erkenntniß des Wesens der Plastik wichtigen Punkt, nämlich zu der Frage der polychromen Plastik, die hier mit einigen Worten zu berühren ist. Auf denselben Gegensatz von Idealität der Form und Realität der Farbe, der oben als Grund gegen die unbedingte Berechtigung der Malerei zur Darstellung des Nackten geltend gemacht wurde, gründet sich auch der Einwand gegen die ästhetische Berechtigung der Bemalung von plastischen Figuren, vor allem einer solchen in Naturfarben. Man hat von einem, freilich gänzlich außerhalb der ästhetischen Betrachtung fallenden Standpunkt, zur Begründung einer solchen Berechtigung darauf hingewiesen, daß das farblose plastische Werk einen kalten und allzu unsinnlichen Eindruck mache; ein Mangel, dem man durch künstliche Zuthat von äußerlicher Färbung abzuhelfen nicht nur berechtigt, sondern gewissermaßen verpflichtet sei. Gewöhnlich beruft man sich dabei auf die Alten, die »bekanntlich« selbst in der Blüthezeit der Plastik ihre Statuen bemalt hätten, und gründet auf diese Autorität sogar die Forderung an die modernen Bildhauer, fortan ihre Werke in Naturfarben zu bemalen (!) um ihnen dadurch »das Gepräge einer größeren Lebendigkeit und Naturwahrheit« zu verleihen. Hierauf ist vor allem besonders zu bemerken, daß die Frage der »polychromen Plastik« eine rein und ausschließlich ästhetische ist, für deren Beantwortung keinerlei Berufung auf eine noch so hoch entwickelte geschichtliche Kunstform zulässig ist. Sodann ist darauf hinzuweisen — was gewöhnlich dabei unterlassen wird, — daß der Ausdruck »Färbung« eine sehr umfassende Bedeutung besitzt, deren Grenzen zwischen bloßer Abtönung der natürlichen Farbe des Materials (z. B. wenn dem weißen Marmor durch Imprägnirung ein leicht gelblicher oder rosiger Ton verliehen wird, welcher die Transparenz und die Textur der Oberfläche des Steins unverändert läßt) und pastöser Bemalung in Naturfarben sich ausdehnen.

Im Princip ist nun, auf Grund des idealen und zwar abstrakt-idealen Charakters der Plastik, zunächst die Behauptung als unbedingt giltig aufzustellen, daß, je mehr sich die Färbung dem letzteren Extreme nähert, um so schreiender der Widerspruch gegen diesen Charakter werden muß, und daß, wo die Bemalung in Naturfarben sich verirrt, die künstlerische Wirkung überhaupt vernichtet wird, um an deren Stelle, wie die Schaustücke der Wachsfigurencabinette beweisen, einen unheimlich-gespenstigen, mithin

ästhetisch-widerwärtigen Eindruck zu erzeugen. Es ist dabei
nicht nur gleichgiltig, ob, abgesehen von der Bemalung,
die plastische Ausführung eine mehr oder minder vollendete
ist, sondern sogar zu behaupten, daß, je vollendeter die
künstlerische Formgestaltung und je naturwahrer die Färbung ist, jener Eindruck um so mehr an Kunstunschönheit
und, was dasselbe ist, an Kunstunwahrheit gewinnen wird,
da die Illusion natürlicher Lebendigkeit, bei thatsächlichem
Mangel organischen Lebens, die todte Mechanik der Wirkung
empfinden läßt und gleich einer bemalten Leiche, den Eindruck des Gespenstigen nothwendig steigert. Es muß dem-
nach, selbst wenn die alten Griechen ihre Statuen in
Naturfarben bemalt hätten, dies als eine Verirrung bezeichnet werden, die sich höchstens durch culturgeschichtliche
Motive anderer als ästhetischer Natur erklären, aber ästhetisch nicht rechtfertigen ließe.

Allein es wird nun selbst von den Fanatikern der
polychromen Plastik zugegeben, daß, je reiner sich im Ver-
laufe der Zeit die hellenische Kunstanschauung entwickelte,
in demselben Grade auch die aus dem Oriente überkommene
Neigung, äußere Pracht und bunte Mannigfaltigkeit über
einfache Schönheit und künstlerische Wahrheit zu stellen,
und damit auch die in dieselbe Kategorie naturalistische
Tendenz der Bemalung von plastischen Werken in Abnahme
kam; während, wenn in dieser Tendenz ein Fortschritt sich
kundgäbe, gerade das Gegentheil hätte stattfinden müssen.
Ohnehin sind die spärlichen Reste der Bemalung, welche sich
fast immer auf Aeußerlichkeiten, wie Gewandsäume u. dgl.
beschränken, so zweifelhafter Natur, daß die mehrfach versuchten Restaurationen in dieser Hinsicht kaum einen anderen
Anspruch als den auf anmuthige Phantasiestücke erheben

können. Wenn aber vollends von den Verfechtern der polychromen Plastik auf diejenigen Sculpturen hingewiesen wird, welche als ornamentales Beiwerk in Form von Flach- und Hochreliefs, auch von Statuen, sich mit der Architektur verbinden, oder welche — ähnlich den bemalten und mit goldenen Kronen, Perlhalsbändern u. s. f. geschmückten Madonnenbildwerken des Mittelalters — lediglich Cultuszwecken dienten, um darauf Beweise für die ästhetische Berechtigung der modernen Statuenbemalung zu gründen, so verdient solche sophistische, oder aber aus Unkenntniß der einfachsten ästhetischen Grundgesetze entspringende Behauptung keine Widerlegung. Schließlich kann aber aus dem Alterthum selbst, und zwar aus der Blüthezeit der antiken Kunst, eine Autorität gegen die Berechtigung der polychromen Plastik angeführt werden, die wohl selbst von den eifrigsten Vertheidigern derselben nicht zu bemängeln sein dürfte, nämlich die des großen Aristoteles, dessen ästhetische Principien noch heute ihre volle Geltungskraft haben. Denn, indem er, Object, Mittel und Material der Darstellung streng unterscheidend, bemerkt, daß »einige Künste durch die Farbe« (nämlich die Malerei), andere durch die »Körperform« (die Plastik) »abbildend nachahmen«, so schließt er offenbar, wenn auch nur indirect, die Farbe ausdrücklich als plastisches Wirkungsmittel aus; sonst hätte er, bei seiner gewohnten Präcision in dem Ausdruck der Gedanken, als Mittel der Plastik »Form und Farbe« bestimmen müssen; gerade so, wie er weiterhin als die Nachahmungsmittel des Tanzes »Körperform und Rhythmus«, als die der Musik den »Ton in Verbindung mit dem Rhythmus und der Harmonie«, als die der Poesie »das Wort in Verbindung mit dem Rhythmus und der Betonung«

bezeichnet. Diese Entgegensetzung von Form und Farbe als ausschließlicher Darstellungsmittel einerseits der Plastik, andrerseits der Malerei aus dem Munde eines der größten und klarsten Denker nicht nur des Alterthums, sondern aller Zeiten, hat nicht nur überhaupt maßgebenden Werth, sondern ist auch insofern von Bedeutung, als darin aller Wahrscheinlichkeit nach ein directer Tadel gegen die damals allerdings schon im Verschwinden begriffene polychrome Plastik seinerseits enthalten ist. In Summa: Plastik und Malerei dürfen, insofern sie eine ihrem specifischen Charakter entsprechende, d. h. reine Kunstwirkung ausüben wollen, sich nicht mit einander in der Art vermischen, daß die der einen Kunst allein naturgemäßen Mittel, gleichviel in welchem Umfange, auf die anderen übertragen werden.

In der unbedingten Beschränkung der Plastik auf die reine, d. h. farblose Formgestaltung begründet sich nun auch — abgesehen von sonstigen ideellen Gründen — ihr Recht auf Darstellung des Nackten; doch ist dies Recht keineswegs ein absolutes, sondern nothwendig ein durch die Natur des darzustellenden Objectes bedingtes. Auch im Alterthum hat man nicht mit der Darstellung nackter Figuren begonnen, sondern sie treten im Großen und Ganzen erst auf, als die gymnastischen Spiele den Künstlern Gelegenheit boten, sich an dem Anblick der schönen Jünglingsgestalten in ihren freien und anmuthigen Bewegungen zu erfreuen, für welche die Gewandung nur hinderlich gewesen wäre. Daß die Künstler sich diese Gelegenheit zur plastischen Wiedergabe dieser Art von Schönheit nicht entgehen ließen und dann, da der Anfang einmal gemacht war, nicht nur Athletengestalten, sondern auch Heroen und Gottheiten nackt darzustellen versuchten, ist erklärlich. In letzterer Hinsicht wurden jedoch stets wesentliche Unterschiede gemacht; denn während wohl »Apollo«, »Merkur«, »Mars«, sowie die schaumgeborene Göttin der Schönheit selbst in völliger Nacktheit zur Darstellung kamen, wagte man mit den erhabeneren und idealistisch-strengeren Gottheitsvorstellungen wie »Jupiter«, »Diana«, »Juno«, »Minerva« u. s. f. dies niemals; und selbst wo die »Aphrodite«-Vorstellung, wie in der »Venus von Melos« einen erhabeneren Charakter zeigt, wurde mit feinem Gefühl die völlige Nacktheit ausgeschlossen.

Ueber diese, mithin schon im Alterthum festgehaltene und die moderne Anschauung, sowohl in ethischer wie in ästhetischer Beziehung, noch unbedingter festzuhaltende, Grenze hinaus ist die Gewandung — in welchem Umfange, bedingt sich wieder durch die Natur des Objects — für die Plastik geboten. »Unbedingter« aber ist diese Grenze für die heutige Plastik nicht blos deshalb festzuhalten, weil der moderne Begriff der Sittlichkeit, im Vergleich mit dem des antiken »Ethos«, ein intensiverer und höherer ist, sondern weil auch die antiken Vorstellungen von der Gottheit, überhaupt die antiken Ideen für das moderne Bewußtsein ihre Wahrheit verloren haben und, falls sie dennoch gestaltet werden, dies nur in Form künstlicher Aufgalvanisirung geschehen kann, wofür aber in dem modernen Volksbewußtsein jede naturgemäße Empfänglichkeit fehlt. Streng genommen giebt es für den modernen Bildhauer nur zwei Richtungen oder Gebiete, für welche er die Antike überhaupt in berechtigter Weise verwerthen kann; die plastische Gestaltung allegorischer Vorstellungen und die humoristische Behandlung der antiken Ideen selbst.

Ueber erstere ist nichts zu bemerken; was aber die zweite betrifft, so rechtfertigt sie sich dadurch, daß das

moderne Bewußtsein in seiner Erhebung über die antike
Vorstellungswelt zu dieser nothwendig eine negative Stellung
behauptet, welche, zum künstlerischen Ausdruck gebracht, die
Form der Ironie annehmen muß, die als »Humor« mit
dem Anspruch, den die Antike an unseren poetischen Glauben
macht, versöhnt. Denn man mag noch soviel für »die ewigen
Ideale« der antiken Schönheitswelt schwärmen, so viel steht
fest, daß dieselben immerhin nur formaler Natur sein
können; was dagegen ihre ideelle Substanz, d. h. ihren
poetischen Inhalt betrifft, so ist sie ohne Zweifel durch die
höhere geistige Anschauung der christlichen Weltanschauung
(dies Wort nicht im einseitig religiösen, sondern im cultur=
geschichtlichen Sinne genommen) überwunden und damit der
Anspruch einer absoluten Berechtigung der Antike im Be=
reich der substanziell-künstlerischen Anschauung beseitigt. Wird
daher die Antike heutzutage au sérieux genommen, so
erscheint sie als künstliche Aufwärmung von thatsächlich
nicht mehr lebensfähigen Ideen, entweder nüchtern, ja lügen=
haft, oder wir verhalten uns, bewußt oder unbewußt,
ironisch gegen sie. Vermag nun ein moderner Bildhauer,
trotz aller conventioneller Bewunderung vor der Antike als
angeblich absoluter Kunstrichtung, dieser Ironie einen künst=
lerischen Ausdruck zu verleihen — und Beispiele davon
liegen bereits vor — dann schlägt er den einzig richtigen
Weg ein, wodurch er die Antike, indem er sich als moderner
Mensch darüber erhebt, lebendig zu machen im Stande ist.
Diese Form der Behandlung antiker Ideen aber ist die
humoristische; eine Anschauungsweise, welche ebenso wie die
sentimentale der Antike fremd war. Erst die nachantike Sage
trägt selbst in ihren ältesten Gestaltungen dem Humor in
hohem Grade Rechnung, und das deutsche Märchen erhält

6*

gerade dadurch den so gemüthlichen Charakter tiefer Innigkeit und rührender Naivetät, daß es sich durch den Humor, der es durchweht, von schwächlicher Sentimentalität frei erhält.

Abgesehen hiervon dürfte es für die Entwickelung der modernen Plastik sehr vortheilhaft sein, wenn die Bildhauer der Gewandung eine eingehendere Behandlung widmeten, da die Gewandplastik in jedem Betracht, auch für die originale, d. h. moderne Auffassung allgemein-menschlicher Ideen in Form allegorischer Idealgestalten, geeignetere und dankbarere Motive darbietet als die Darstellung völliger Nacktheit. Uebrigens nimmt die Gewandung, für welche ja — wie früher bemerkt — die Antike, wo es sich um reine Idealgestalten handelt, das unbedingt maßgebende Vorbild liefert, an den zahlreichen Abstufungen zwischen den Formen des Schönen, von strenger Erhabenheit und ernster Würde bis zu anmuthiger Leichtigkeit und flüssiger Bewegtheit, als »Echo der Gestalt« selbst theil, so daß sich nach dieser Seite hin für den modernen Bildhauer ein weites Feld reicher plastischer Formgestaltung darbietet.

d) Mit der Gewandung steht ferner das Moment der Haltung und mit diesem wieder das des physiognomischen Ausdrucks im innigsten Zusammenhange. Hier, in diesen schon wesentlich geistigen Modalitäten der Form, kommt nun die specifische Natur des Objects von der höchsten Stufe ernster Erhabenheit bis zum entgegengesetzten Extrem heiterer Anmuth herab zur Erscheinung, wobei im allgemeinen als Gesetz der Satz aufzustellen ist, daß die Plastik weder nach der einen Seite bis zur bewegungslosen Starrheit architektonischer Monumentalität, noch nach der anderen bis zur flüssigen Bewegtheit malerischer Lebendigkeit sich ausbreiten darf, sondern daß sie sich zwischen beiden Extremen in der durch ihre Natur geforderten idealen Mitte halten, d. h. einerseits zwar die seelenvolle Bewegtheit des Innern zum Ausdruck bringen, anderseits aber doch, selbst bei dem Gepräge intensiver Bewegtheit, unter allen Umständen eine gehaltvolle Ruhe bewahren muß.

e) Was den ästhetischen Unterschied zwischen Rundform und Relief betrifft, so hat man aus dem ganz äußerlichen Grunde, daß das letztere eine größere Zahl von Figuren auf dem Untergrund einer Fläche darzustellen fähig ist, den das Wesen desselben gänzlich verkennenden Schluß gezogen, daß dasselbe bereits den »Uebergang zur Malerei« bilde, also realistischerer Natur sei als die Rundform, während thatsächlich gerade das Gegentheil der Fall ist. Das Relief bildet vielmehr den Uebergang oder richtiger die Vermittelung zwischen Plastik und Architektur. Gerade der flächenhafte Untergrund, den die Malerei gar nicht kennt, weil im Gemälde alles in Farbe aufgeht, d. h. alles Fläche ist, erscheint als ein der plastischen Darstellung fremdes, rein architektonisches Element; er stellt mit einem Wort die Wand dar, aus welcher die Figuren als decorativer Schmuck derselben heraustreten, und zwar in einer Form heraustreten, die, weil sie von dem einzigen concreten Moment der Plastik, nämlich von der vollen Körperhaftigkeit abstrahirt, selber abstracterer Natur ist als die Rundform. Will man für das Relief überhaupt eine Analogie aus dem Gebiet der Malerei suchen, so könnte es nur die reine Conturenzeichnung oder höchstens die Malerei von grau in grau sein; diese Techniken sind aber bekanntlich ebensosehr Abstraktien von der vollen malerischen Wirkung, wie das Relief von der vollen plastischen.

Die Rundplastik kann sich zwar ebenfalls mit der Architektur verbinden; allein wenn das Bauwerk nicht blos das Local für die Aufstellung des plastischen Werkes darbietet, sondern sich in engere Beziehung stellt, so muß sie ihm auch einen ihrem eigenen (architektonischen) Stylcharakter analogen Stylcharakter aufprägen, indem sie es in einer strengeren, gleichsam schematisirten Form behandelt. Vorzugsweise gilt dies aber von dem mit der Architektur in viel innigerem, organischerem Zusammenhange als die Statue stehenden Relief, welches sowohl dem Inhalt der Motive nach wie hinsichtlich der formalen Composition, z. B. als Fries- oder Giebeldecoration eines Tempels, Theaters, Parlamentshauses u. s. f., schon constructiv bedingt, d. h. in einen bestimmten, architektonisch begrenzten Rahmen eingeschlossen ist. In demselben Verhältniß steht denn auch das Relief zur Denkmalplastik als Schmuck des Piedestals, das ja selber eine architektonische Form ist, oder (bei der Kolossalbüste) des Postaments, bezw. der architektonischen Umgebung. Wenn daher in neuerer Zeit, wie auch schon früher, das Relief für eine mehr malerische Wirkung berechnet und demgemäß componirt zu werden pflegt — wofür es berühmte Beispiele giebt, wie die »Alexanderschlacht« von Thorwaldsen, der »Untergang von Pompeji« von Schievelbein, die einen epischen, bezw. dramatisch-bewegten Charakter haben, besonders aber das Relief auf dem Piedestal der »Statue Friedrich Wilhelms III.« im Berliner Thiergarten von Drake, dessen Composition durchaus malerischer, nämlich genrehaft-realistischer Natur ist — so darf man sich durch die technische Vollendung und den Reiz dieser Compositionen nicht darüber täuschen lassen, daß darin immerhin ein Vergreifen in den Darstellungsmitteln liegt, d. h. eine Verwendungsweise der Reliefform, welche der abstrakten Natur derselben nicht conform ist.

f) Das Material endlich steht zunächst mit den Mitteln und durch diese wieder mit den Objecten der plastischen Darstellung im engsten Zusammenhang, d. h. auch in dieser Hinsicht muß der Charakter abstrakter Idealität, welcher der Plastik anhaftet, einen bestimmenden Einfluß auf die Wahl des Materials haben; und zwar wird sich dieser Einfluß in demselben Maße geltend machen, welches sich in dem Grade der Idealität ausdrückt.

In erster Linie steht hier, auf Grund seiner natürlichen Farblosigkeit, Reinheit und Transparenz, das edle Material des weißen oder vielmehr farblosen Marmors — denn es giebt Marmorarten, welche entweder durch eine gewisse stumpfe Milchweiße, einen kreidigen, dem Gyps ähnlichen, oder durch einen Stich ins Blaue einen zu kalten, in beiden Fällen zu todten Eindruck machen. — Namentlich besitzt der Marmor in der Transparenz eine Eigenschaft, wodurch die feste Oberfläche gleichsam idealisirt wird, indem sie dem Licht gestattet, dieselbe bis auf eine gewisse Tiefe zu durchleuchten; es erzeugt sich dadurch gewissermaßen eine Entmaterialisirung des Naturstoffes, welche diese vorzugsweise für die Gestaltung reiner Idealfiguren geeignet macht. Andere Marmorarten, die entweder einen bestimmten Farbenton besitzen, oder auch eine, wenn auch geringe Aederung zeigen, beeinträchtigen die rein künstlerische Wirkung in demselben Grade, worin diese Eigenschaften sich geltend machen. Daß man in der späteren Zeit der antiken Plastik selbst braunen und schwarzen Marmor, z. B. für Kaiserbüsten, verwandte, deutet nur auf eine Abnahme an reinem Kunstgefühl. Gänzlich verwerflich aber ist die Manier, mehrere Marmorarten verschiedener Färbung miteinander, oder gar mit Metall, behufs naturalistischer Wirkung, in demselben Werke zu verbinden, wie in der früher erwähnten »Othellobüste« und anderen ähnlichen Abstrusitäten. Eher rechtfertigt sich die Imprägnirung eines zu kalten Marmors mit einer Flüssigkeit, welche demselben, ohne die Transparenz aufzuheben, einen etwas wärmeren, sei es ins Gelbliche oder Röthliche spielenden Gesammtton verleiht, weil hier das Künstliche des Verfahrens nicht als Absicht in die Erscheinung tritt.

Nächst dem Marmor bietet sich das Erz, und namentlich die Bronze, als ein dankbares, jedoch hauptsächlich für mehr realistische (historisch-monumentale) Vorwürfe geeignetes Material dar. Es unterscheidet sich vom Marmor zunächst durch die gänzlich verschiedene Technik bei der Herstellung der betreffenden Werke, indem letzterer auf die »Sculptur« im engeren Sinne, die Bronze dagegen auf den »Guß« angewiesen ist; außerdem kommt noch bei den weicheren Metallarten, z. B. dem Kupfer, das »Treiben« zur Anwendung. Im Zusammenhang mit der verschiedenen Natur dieser Materialien steht dann auch die Größe des Werkes, insofern das Metall seiner größeren Consistenz halber eine Ausdehnung ins Kolossale zuläßt, welche dem Marmor versagt ist. Die im Alterthum vielfach bei Kolossalfiguren vorkommende Verbindung von Gold- mit Elfenbeinplatten, wobei die ersteren für die Gewandtheile, die letzteren für die nackten Theile zur Verwendung kommen, rechtfertigt sich durch ihre religiöse Bedeutung; ästhetisch betrachtet, hat solches Material nicht das Gepräge reiner Idealität wie der farblose Marmor oder auch die Bronze.

Noch geringeren Werth als das Erz hat das Holz, theils des Eindrucks zu großer Leichtigkeit wegen, theils seiner faserigen Textur halber, welche die Conformität der Oberfläche aufhebt. Thon, Gyps und Wachs sind — abgesehen von anderen störenden Eigenschaften: wie Todtheit der Oberfläche aus Mangel an Transparenz, Farbigkeit ꝛc. — schon ihrer Vergänglichkeit halber, für die monumentale Plastik ganz ungeeignet, dagegen auf Grund ihrer leichten Bearbeitung vorzügliche Materialien für die Modellirung der plastischen Skizze, welche der Composition des eigentlichen Werkes zu Grunde gelegt wird. Betreffs der beiden Hauptmaterialien — Marmor und Bronze — ist schließlich zu bemerken, daß die letztere nicht nur ihrer realistischeren Wirkung wegen, sondern auch aus Gründen der Dauerhaftigkeit und Wetterbeständigkeit sich vorzugsweise, wenn nicht ausschließlich, für die moderne Monumentalplastik eignet.

Dritter Abschnitt.

Anatomisches Wissen
des
Bildhauers.

Die Muskulatur des menschlichen Körpers,
soweit sie an die Oberfläche tritt.

Muskulatur am Kopfe.

Wir beginnen mit den Muskeln des Kopfes.

Da ist zunächst der Stirnmuskel, welcher zu beiden Seiten der Stirne liegt; dann der Hinterhauptmuskel; beide bewegen die Kopfhaut, der erstere zieht sie nach vorne zu Runzeln, der letztere zieht sie nach hinten und macht die Stirne wieder glatt.

Ueber die Schläfenbeine hinweg gelegt und am oberen Theile des Unterkiefers befestigt, bewegt der Schläfenmuskel den Unterkiefer nach oben und rückwärts.

Kreisförmig die Augenhöhlen umgebend, hat der Schließmuskel die Augenlider zu bewegen, letztere zu schließen und zu öffnen.

Die Oberlippe wird durch den großen wie kleinen Jochmuskel, welcher vom Wangenbein entspringend, zur Oberlippe verläuft, nach aufwärts gezogen.

Der Kaumuskel, welcher stark und kräftig entwickelt ist, läuft vom Jochbein zum Unterkiefer und hat die wichtige Aufgabe, beim Zermalmen der Nahrung den Unterkiefer mit großer Gewalt gegen den Oberkiefer zu drücken.

Zwischen Unterlippe, Kinn und Kieferwinkel liegend, hat der Herabzieher der Mundwinkel (trauriger Gesichtsausdruck) und der Unterlippe die Function Mundwinkel wie Unterlippe herabzuziehen.

Der Schließmuskel des Mundes liegt rings um den Mund und hat den Mund zu öffnen und zu schließen.

Muskeln am Halse.

Da ist zuerst der Kopfnicker an der Seite des Halses; er hat den Kopf abwärts zu beugen. Sobald der Kopf festgestellt ist, heben die beiden langen und mächtigen Kopfnicker, behufs der Athmung, Schlüsselbein und Brustkorb in die Höhe.

Der Kappenmuskel am Nacken und der hinteren Fläche des Brustkorbes, zu beiden Seiten der Wirbelsäule gelegen, gleich einer Mönchskappe geformt, zieht den Oberarm rückwärts.

Am Halse sind aber noch verschiedene kleine Muskelbündel thätig:

der Brustbein-Zungenbeinmuskel,
der Brustbein-Schildknorpelmuskel,
der Schildknorpel-Zungenbeinmuskel,
der Schulterblatt-Zungenbeinmuskel,
der untere Schlundschnürer,
der vordere Treppenmuskel,
der mittlere Treppenmuskel,
Heber des Schulterblattmuskels,
Riemen- oder Bauschmuskel des Halses und Kopfes.

Die Muskeln des Rumpfes oder Torsos.

Zu beiden Seiten des Brustkastens gelegen, zieht der große Brustmuskel die Oberarme an die Brust.

Der kleine Brustmuskel läuft unter dem Arm durch den äußeren schiefen Bauchmuskel.

Der große vordere Sägemuskel. Er zieht das Schulterblatt nach vorne und den Rippen, nach außen und oben; für diesen Zweck ist er, mit mehreren Muskelzacken, an den oberen Rippen entspringend, befestigt und umgiebt den unteren und seitlichen Theil des Brustkorbes und setzt sich nach hinten an das Schulterblatt an.

Der breite Rückenmuskel, durch welchen der Arm nach rückwärts gezogen wird, bedeckt einen großen Theil des Rückens (Rippen, Lenden und Kreuzbeingegend) und setzt sich am oberen Theile des Oberarmknochens an.

Der schiefe Bauchmuskel und gerade Bauchmuskel; sie drücken auf die Baucheingeweide und verengern die Unterleibshöhle. Der erstere bildet die seitliche Wand der Bauchhöhle; von letzterem, welcher in der Mittellinie von oben nach unten läuft, wird die vordere Wand der Bauchhöhle gebildet.

Die hintere Körperseite.

Hier haben wir an festen Knochenflächen:
    Das Hinterhaupt,
    den Halswirbel,
    den Rückenwirbel,
    den Lendenwirbel,
    das Kreuzbein,

Hüftkamm,
die Schulterblattgräte,
Schulterhöhe.

Hier kommen zur Erscheinung: Der Kappenmuskel, der breite Rückenmuskel, der Bauschmuskel des Kopfes, der Kopfnicker, der Rautenmuskel, der Untergrätenmuskel, der große, runde Armmuskel, der kleine, runde Armmuskel.

Muskeln des Armes.

Der Deltamuskel, durch welchen der Arm in die Höhe gehoben wird, ist von dreieckiger Gestalt; stark und fleischig, bedeckt er den obersten Theil der Schulter und des Schultergelenkes.

Der dreiköpfige Armmuskel, welcher die Aufgabe hat, den Vorderarm zu strecken, entspringt mit drei Köpfen am Oberarm und Schulterknochen, nimmt die ganze hintere Fläche des Oberarms ein und setzt sich an die hintere Fläche des Ellenbogenbeins an.

Der zweiköpfige Armmuskel beugt den Vorderarm; er entspringt mit Köpfen vom Schulterblatt, nimmt mit dem innern Oberarmmuskel die vordere Fläche des Oberarms ein und setzt sich an die Speiche, dicht unter dem Ellenbogengelenk, an.

Der innere Armmuskel ist unter dem zweiköpfigen Armmuskel gelegen und hat mit demselben den Vorderarm zu beugen.

Der Auswärtswender liegt an der äußeren Seite der Speiche und hat diese und die mit ihr durch ein Gelenk verbundene Hand nach außen zu wenden.

Die Streckmuskel der Hand und der Finger, sämmtlich an der Speichenseite gelegen, haben die Finger und die Hand nach rechts und links zu wenden.

Die Muskeln der Beine.

Großer Gesäßmuskel. Er bedeckt die hintere Fläche des Hüft- und Kreuzbeines; da er den Oberschenkel vor- und rückwärts zu strecken hat, so ist er der kräftigste Muskel am menschlichen Körper.

Der gerade, äußere dicke und innere dicke Schenkelmuskel strecken den Unterschenkel; sie entspringen vom Becken und dem oberen Theile des Oberschenkels, bedecken die seitlichen Partien des letzteren und sind an der Kniescheibe durch starke Sehnen befestigt.

Der Schneidermuskel ist der längste Muskel des Körpers; er liegt an der vorderen Fläche des Oberschenkels und zieht sich von dort von außen schräg nach unten. Er beugt den Unterschenkel mit, wendet ihn gegen den anderen, und wendet den Unterschenkel ein wenig nach innen.

Der schlanke Schenkelmuskel liegt an der inneren Seite des Oberschenkels und hat dieselbe Aufgabe als der Schneidermuskel.

Der halbhäutige, zweiköpfige Muskel beugt den Unterschenkel und liegt an der äußeren und hinteren Seite des Oberschenkels.

Die Anzieher des Oberschenkels liegen an der inneren Seite des Oberschenkels und haben ihn einwärts zu ziehen.

Der zweiköpfige und große Wadenmuskel bilden die Wade; sie strecken den Fuß gerade aus.

Der lange Wadenbeinmuskel, sowie der lange gemeinschaftliche Zehenstrecker liegen an der äußeren Seite des Unterschenkels; der erstere streckt den Fuß nach dem äußeren Rande zu, der letztere streckt die Zehen.

Der vordere Schienbeinmuskel liegt an der äußeren Seite des Schienbeins und des Unterschenkels, wo auch der dritte Wadenbeinmuskel liegt, mit dem er den Fuß ein- und auswärts beugt.

Der hintere Schienbeinmuskel liegt an der hinteren Fläche des Schienbeins und streckt den Fuß gegen die innere Seite.

Im Uebrigen siehe die anatom. Tafeln, Fig. 21—32.

Anatomisches Wissen des Bildhauers. 99

Figurentafeln zur Anatomie.

Fig. 21.

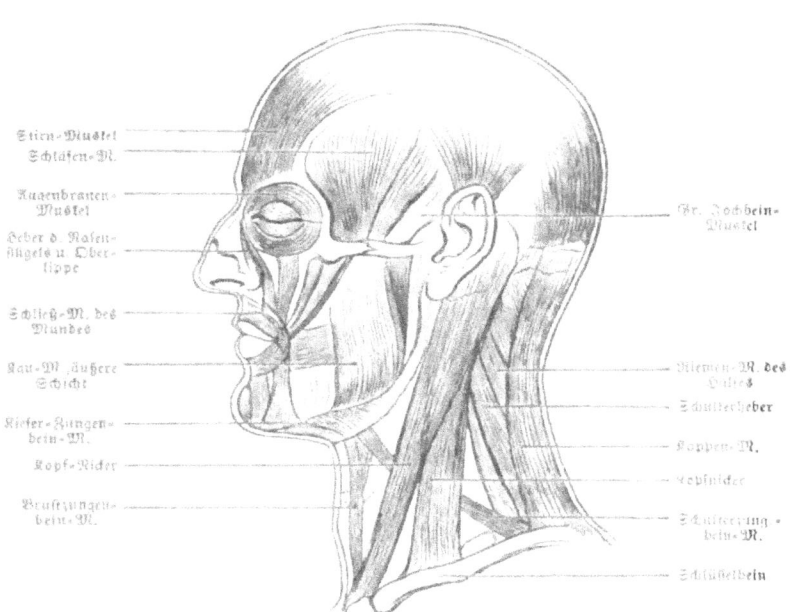

Fig. 22.

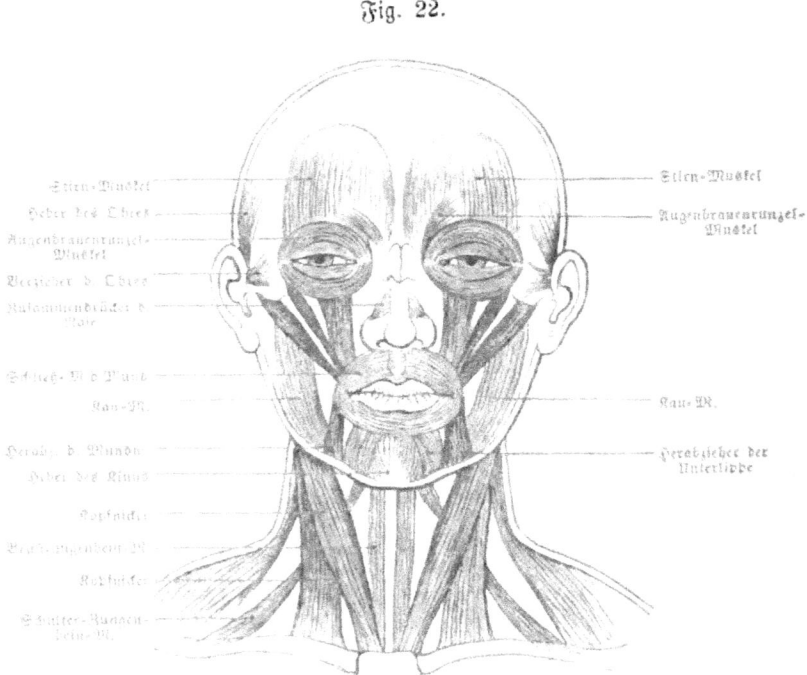

Anatomisches Wissen des Bildhauers. 101

Fig. 23.

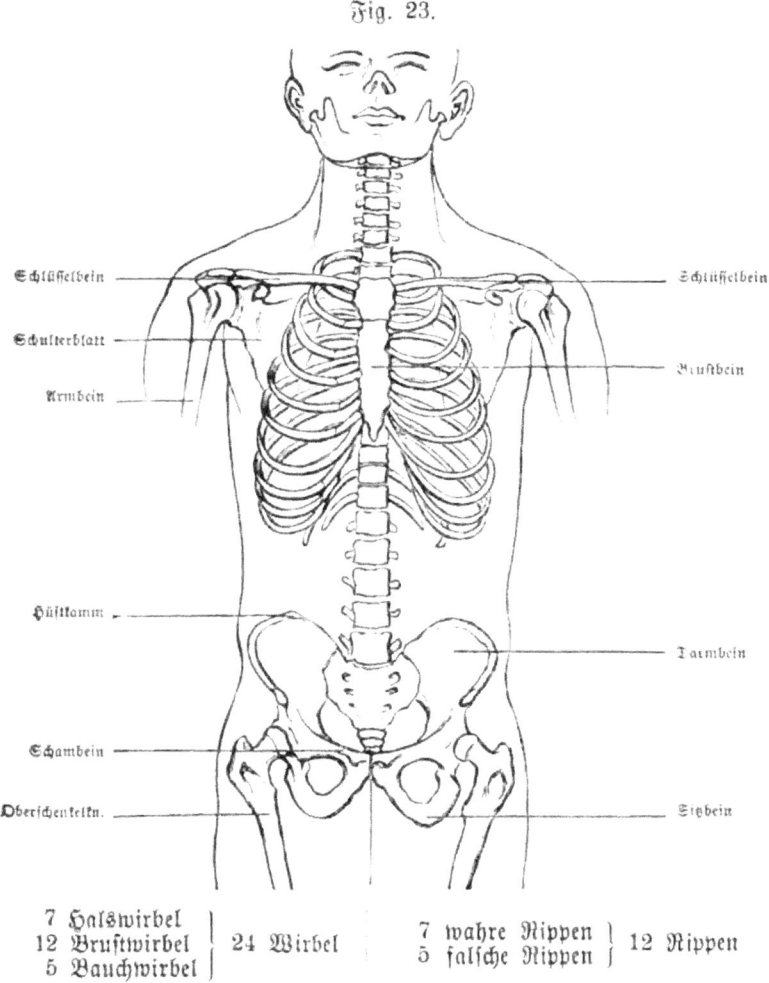

7 Halswirbel
12 Brustwirbel } 24 Wirbel
5 Bauchwirbel

7 wahre Rippen } 12 Rippen
5 falsche Rippen

102 Dritter Abschnitt.

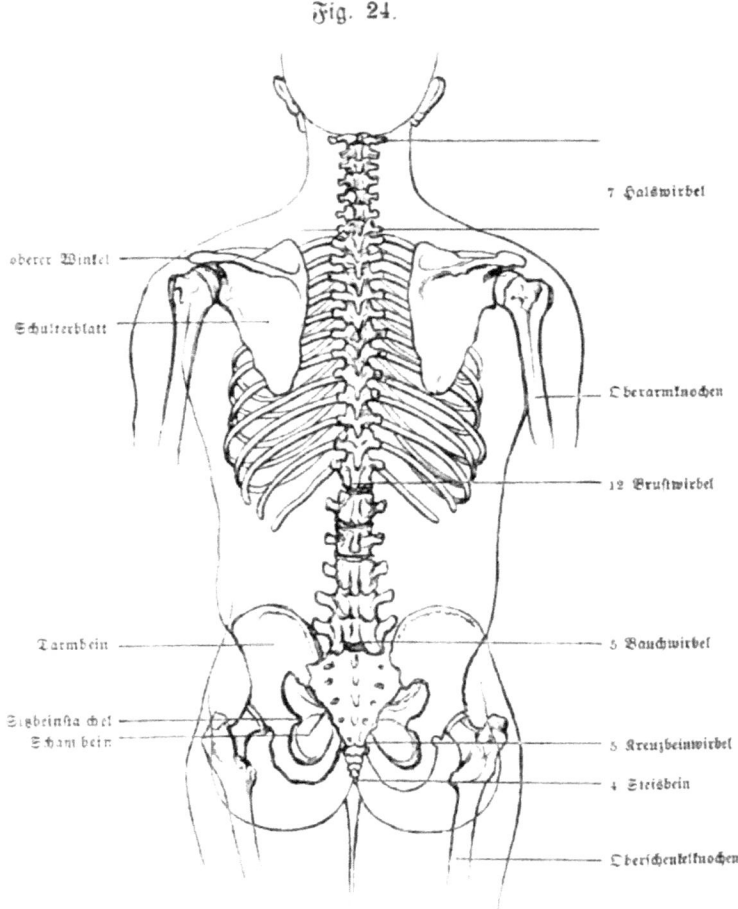

Fig. 24.

Anatomisches Wissen des Bildhauers.

Fig. 25.

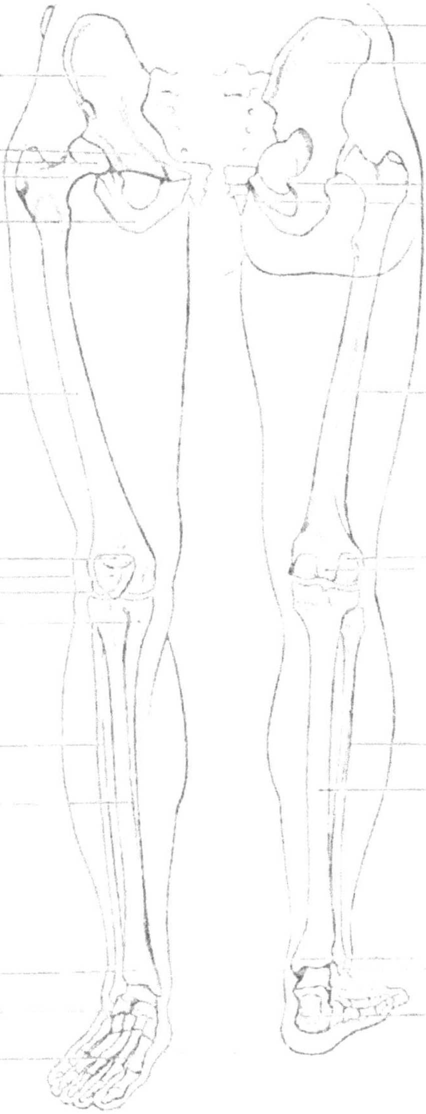

Fig. 26.

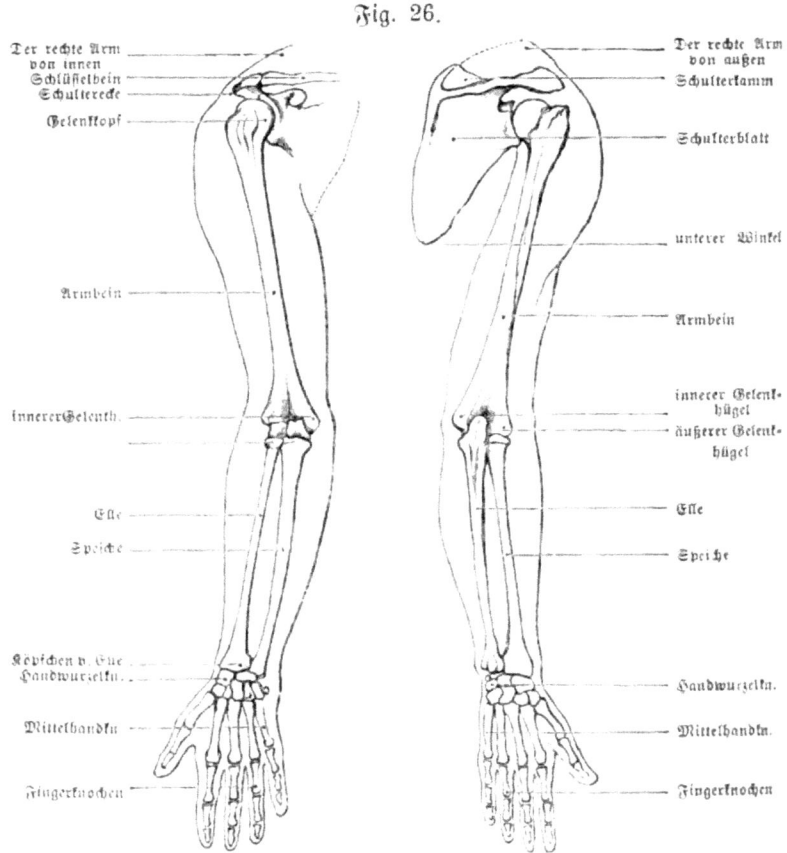

Anatomisches Wissen des Bildhauers.

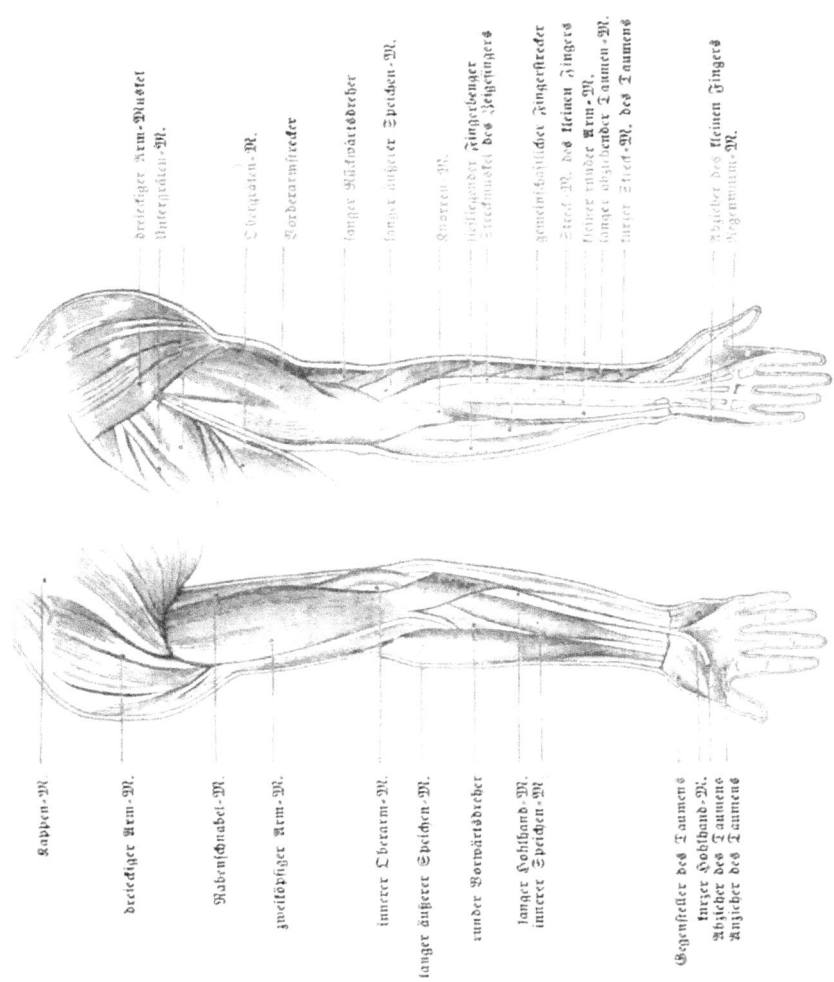

106 Dritter Abschnitt.
Fig. 28.

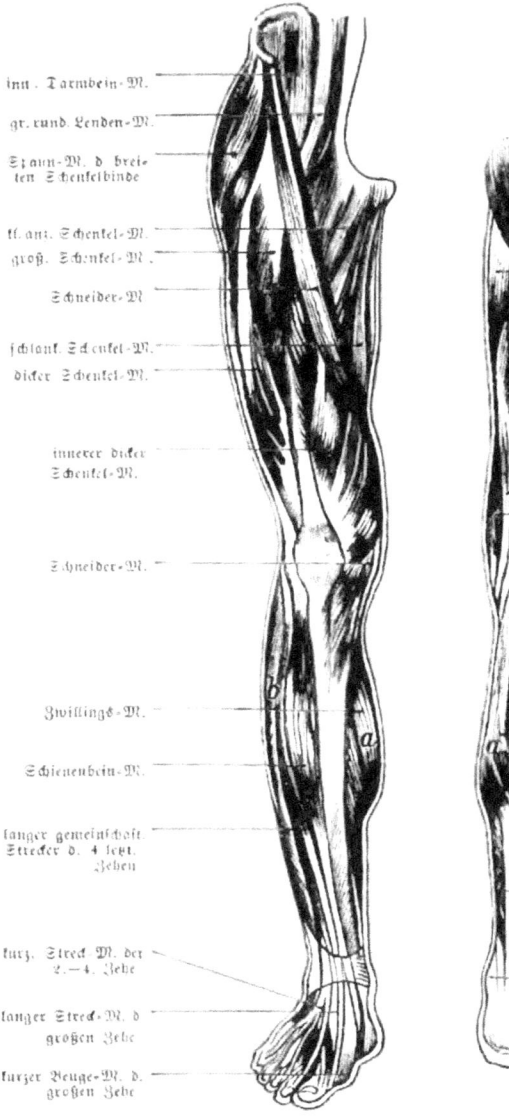
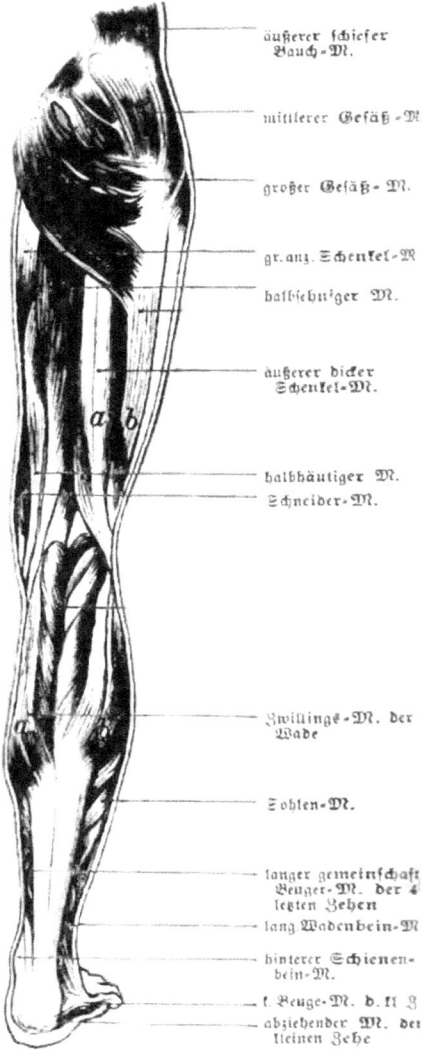

Anatomisches Wissen des Bildhauers.

Fig. 29.

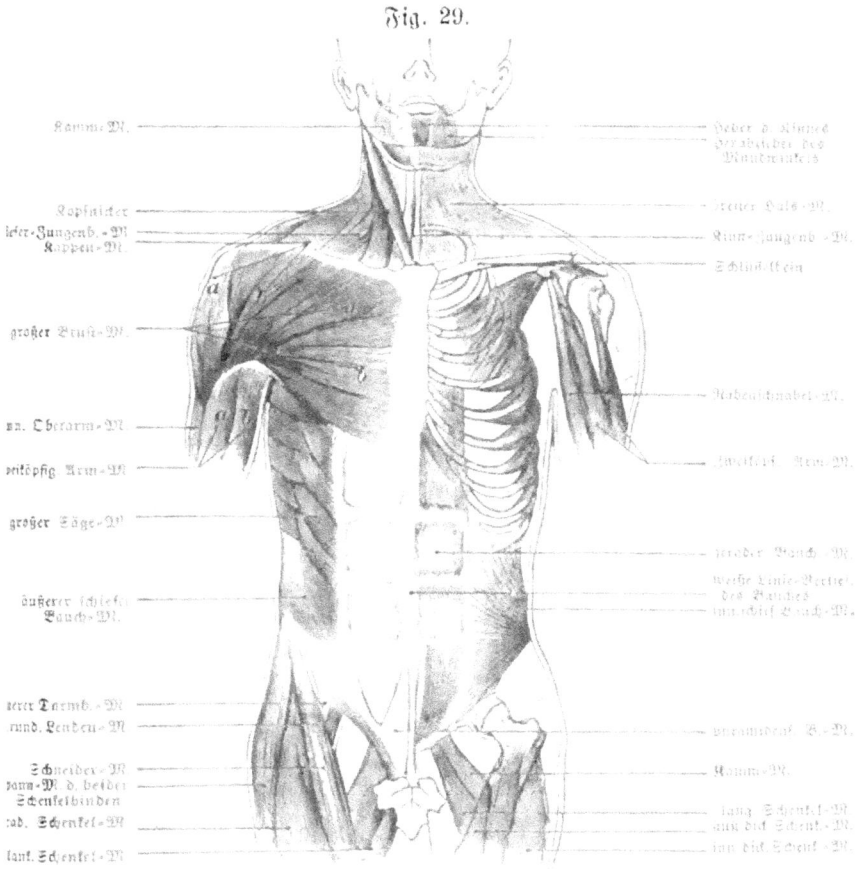

Dritter Abschnitt.

Fig. 30.

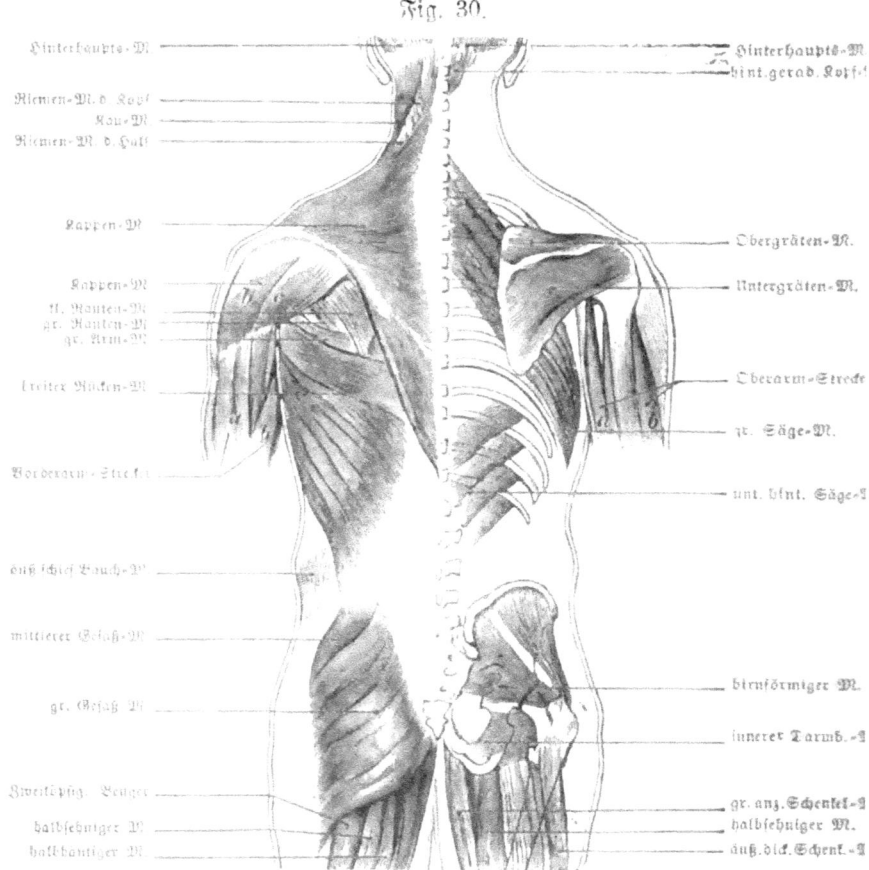

Anatomisches Wissen des Bildhauers. 109

Fig. 31.

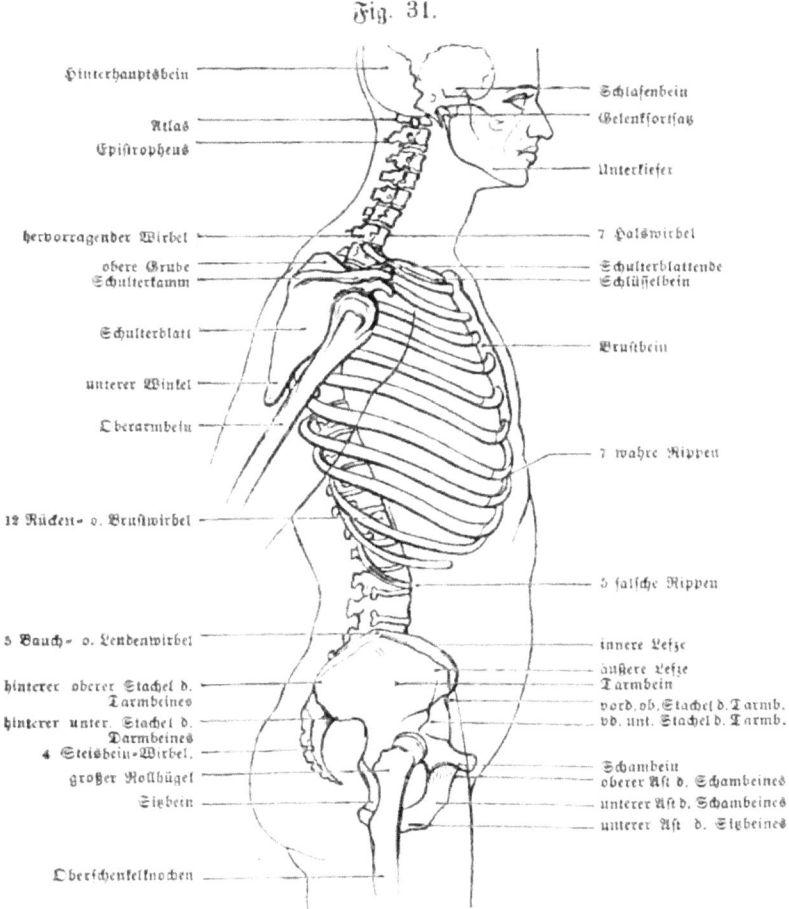

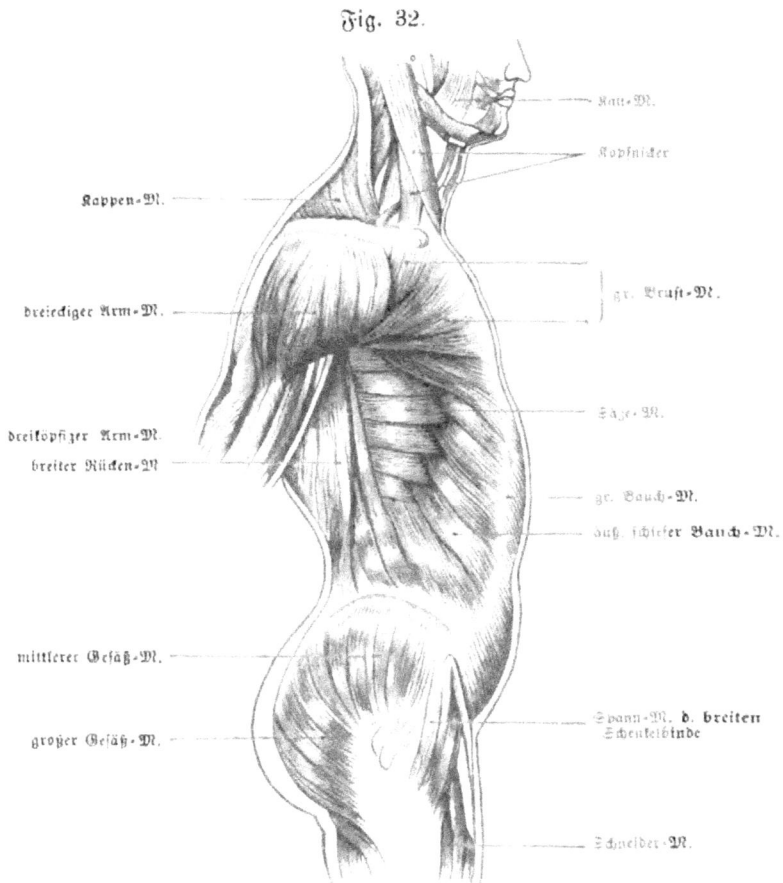

Fig. 32.

Die Proportionen des menschlichen Körpers.

Der Mann von Mittelgröße hat eine Höhe von 5 Fuß 5 Zoll. Für den ganzen Körper bildet der wichtigste Theil, der Kopf, und zwar seine Höhe die Maßeinheit, sie beträgt 9 Zoll, und zwar kommen auf die Gesichtshöhe 5 Zoll, auf die Stirnhöhe 4 Zoll.

In der Breite beträgt der Augenraum 3½ Zoll, der Augenzwischenraum 1½ Zoll, die Nasenbreite 1¾ Zoll, die Mundbreite 1¾ Zoll, die zwei Linien von der Stirnmitte oben, neben den Nasenflügeln vorbeigezogen, treffen auf die Mundwinkel.

A. Die ganze Kopfhöhe 9 Zoll hat:

1. Der Raum zwischen Kinn und Brustwarzen, desgleichen

2. der Raum von den Brustwarzen bis zum Nabel, ferner

3. der Raum vom Nabel bis unterhalb der Scham,

4. die Entfernung der Brustwarzen von einander,

5. die Breite der Brust (Profil),

6. die Profilstärke vom Glutaeus bis unter der Scham (große Gesäßmuskel).

Die doppelte Kopfhöhe giebt die Schulterbreite, 18 Zoll, ebenso giebt die doppelte Kopfhöhe die Entfernung von der Fußsohle bis zum unteren Rande der Kniescheibe.

B. Die halbe Kopfhöhe 4½ Zoll haben:

1. Die Halsbreite en face und en profil (auch 5" profil),
2. die Wadenbreite von vorn gesehen,
3. annähernd die Wadenbreite en profil (4¾" genau).

C. Ein Drittheil der Kopfhöhe, also 3 Zoll haben:

1. Die Halslänge,
2. die Oberarmbreite oben am Gelenk en face, profil 3½",
3. die Unterschenkelbreite oberhalb des Knöchels en profil (5" von der Fußsohle),
4. die Knöchelbreite en face,
5. die Fußhöhe.

Die Hüftenbreite beträgt viermal 3" also 12".

D. Die Kopfbreite 7½ Zoll (en face 6½") haben die Entfernungen:

1. Von der Halsgrube bis zu den Brustwarzen,
2. von dem Lendenwirbel bis zum Nabel (en profil).

E. Die Gesichtslänge 5 Zoll haben:

1. Die Oberarmbreite beim deltoideus (profil),
2. die Kniebreite (profil),
3. 2½" das ist die halbe Gesichtslänge, Stärke des Unterarmes am Gelenke (en face),
5. 6 × 5" = 30" ist die ganze Armlänge.

F. **Die Schädelhöhe 4 Zoll** hat:

1. Das Knie (en face),
2. annähernd die Fußbreite (en face 4¼").

G. **Die Torsolänge, 19 Zoll**, von der Halsgrube bis zur Scham, haben:

1. Von der oberen Spitze des Beckens bis ins Kniegelenk,
2. vom Kniegelenk bis zur großen Zehe.

H. **Die Brustbreite en face = 11 Zoll** geht sechsmal in die ganze Körperlänge.

I. **Die Handlänge 7 Zoll** beträgt:

1. Die Schenkeldicke dicht unter dem Glutaeus,
2. das doppelte = 14" ist der Oberarm lang,
3. das doppelte = 14" ist die Länge der Schulter bis zum Ellenbogengelenk,
4. das doppelte = 14" vom Ellenbogengelenk bis zum Mittelfingereinsatz.

K. **Die halbe Handlänge 3½ Zoll**:

1. Die Handbreite ohne Daumen,
2. der Augenraum,
3. die Unterarmbreite oben profil,
4. annähernd die Unterarmbreite oben en face (3¾").

L. **Die Fußlänge 10 Zoll** hat:

1. Die Körperbreite unter den Rippen,
2. 3 × 10 = 30" ist die ganze Armlänge.

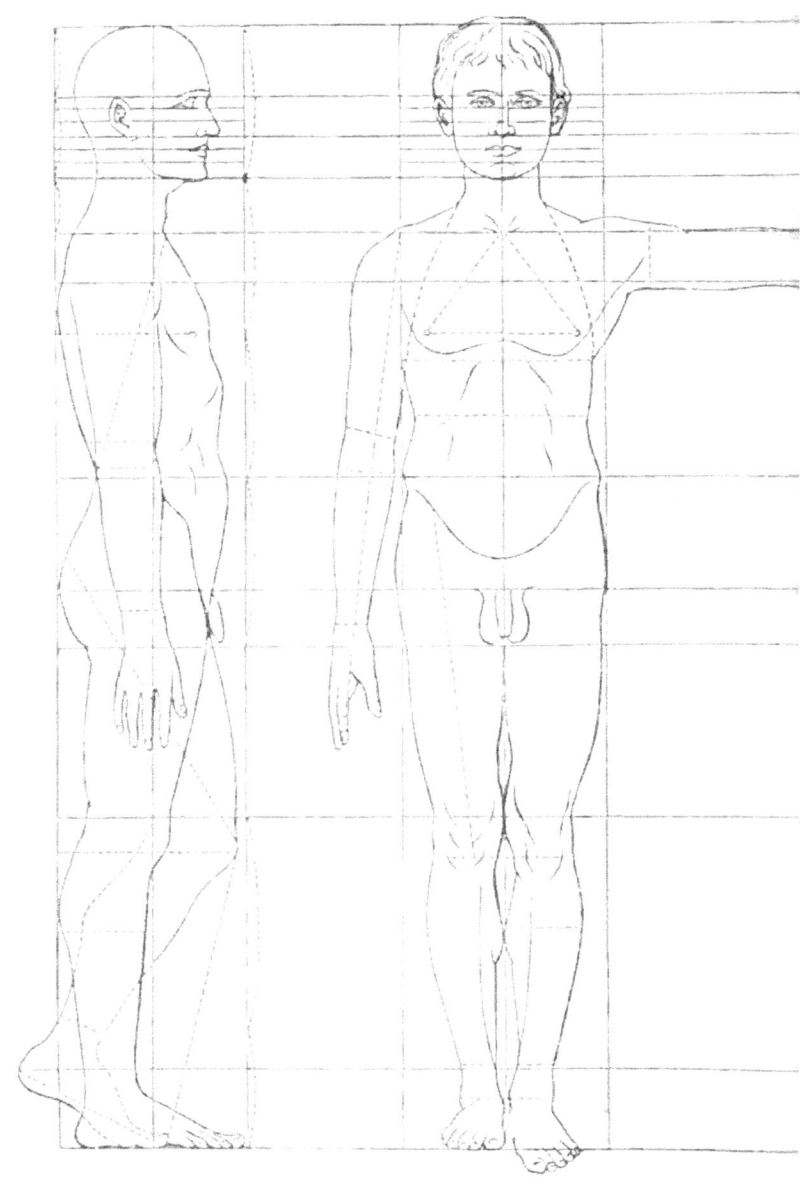

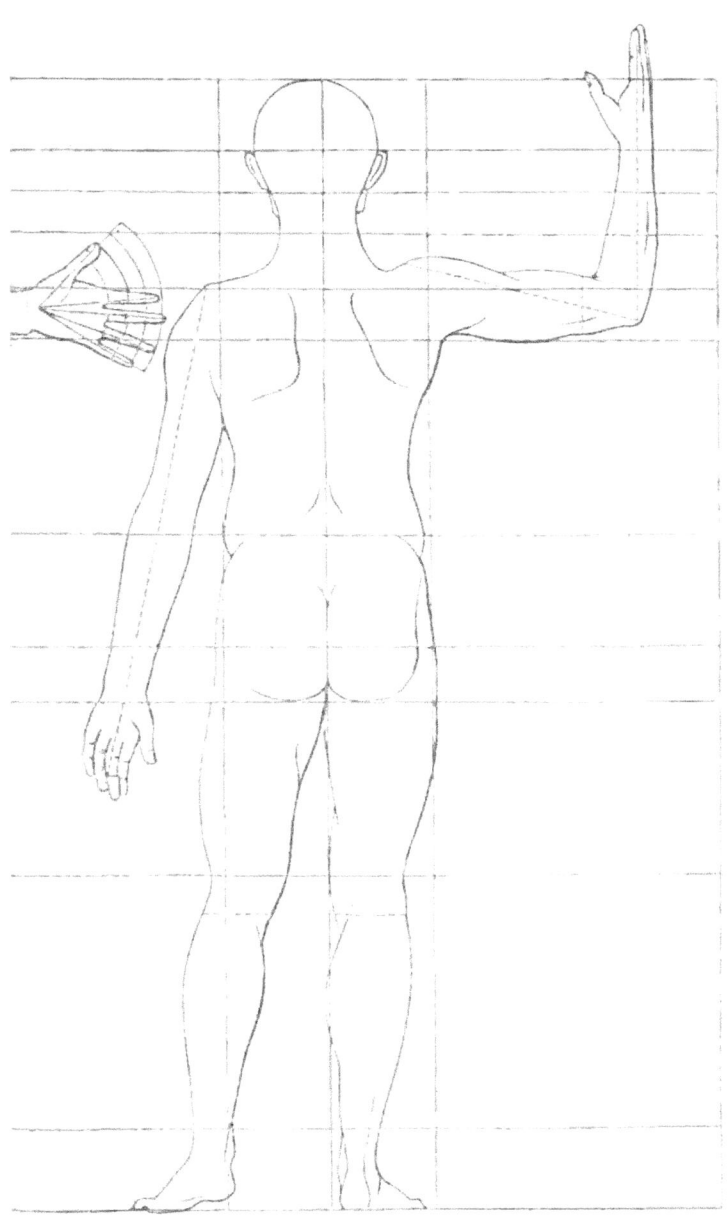

Vierter Abschnitt.

Kunsttechnisches.

Das Treiben in Metall.

Die meisten größeren Kunstwerke können nur durch Form und Guß in Metall übergeführt werden; doch ist es auch möglich, besonders kleinere Stücke, namentlich Flach= reliefs, direct in Metall fertig zu stellen. Dies geschieht auf dem Wege des Treibens in dünnen Blechen. Aus dem Alterthume, wie aus der Zeit der Renaissance sind uns herrliche Arbeiten erhalten worden, und auch jetzt noch wird die Methode in den Werkstätten der Gold= und Silber= arbeiter häufig zur Anwendung gebracht. Zum Treiben menschlicher Figuren in Darstellungen ist selbstverständlich ein bildhauerisch geschulter Künstler nöthig. Es wird auch meistens ein Modell vorgearbeitet sein müssen, wonach die Ausführung in Metall geschieht. Aber dieses Treiben macht um so weniger Sorge, je gewandter der Ausführende in den richtigen Flächenstellungen am menschlichen Körper ist.

Die äußerliche Technik besteht nun zunächst darin, ein Stück Blech, auf dem die Figuren erscheinen sollen, so zu fassen und zu befestigen, daß es im Stande ist, dem Drucke des Werkzeuges Widerstand zu leisten. Dies erreicht man durch eine weichere Unterlage, welche zwar dem Drucke der Punzen nachgiebt, aber doch hinlängliche Härte und Zähig=

keit besitzt, um den Eindruck auf die Stelle zu beschränken, welche der Schlag des Punzens unmittelbar berührt. Weiche Metalle, als Gold=, Silber= und Kupferplatten, versieht man daher mit einer Unterlage von 2 Theilen schwarzem Pech und 1 Theil Ziegelmehl, welches mit etwas Talg, Wachs und Terpentin zusammengeschmolzen, den Treibpech oder Treibkitt giebt.

Soll nun auf eine Blechplatte ein halb erhabener Gegenstand (Porträt=Kopf) getrieben werden, so glüht man zuerst die Platte, um sie weich und dehnbar zu machen. Entwirft hierauf den Umriß der Figuren mit einer Stahl= spitze und treibt nun die Stellen, welche ein hohes Relief erhalten sollen, mit Hammer und Stöckchen oder Punzen — das sind Stahlstäbe mit ziemlich flachen oder schwach convex gekrümmten Oberflächen — aus dem Rohen hervor. Hier= auf wird die Rückseite mit dem oben beschriebenen, in der Wärme erweichten Treibkitt bedeckt und damit auf der sogenannten Treibkugel befestigt. Sie ist meist eine hohle Halbkugel von 6—9 Zoll Durchmesser, welche mit ihrem runden Theile während der Arbeit auf ein kreuzförmig zusammengerolltes Tuch, oder in einen eisernen Ring gelegt wird, so daß sie sich leicht nach Bedürfniß drehen und wenden läßt. Sie ist mit Treibkitt vollständig angefüllt. Auf diese Masse wird die erwärmte Platte aufgedrückt, und zwar so, daß keine Blasen entstehen. Sobald dann die Kitt= massen erkaltet sind, kann das Treiben beginnen. Ist man nicht im Stande, von der vordern Seite das Relief fertig zu machen, was wohl schwerlich gelingen möchte, so trennt man die Platte durch Abschmelzen ab, reinigt sie auf der Rückseite und schmilzt sie mit der Vorderseite auf die Unter= lage. Man arbeitet nun von der Rückseite nach. Das

Reinigen der Platte von Kitt geschieht leicht durch Bestreichen mit Talg und Abschmelzen in Feuer.

Wie im Speciellen eine solche Treibarbeit auszuführen ist, hängt von der vorliegenden Aufgabe ab, wofür stets eine gut durchgeführte Zeichnung oder ein in den Hauptflächen bestimmt durchgeführtes Gypsrelief vorliegen muß.

Steinschneiden.

Die Steinschneiderei beschäftigt sich mit Arbeiten plastischer Darstellungen in Krystallen und Edelsteinen. Je nachdem diese Arbeiten in Hoch- oder Tiefschnitt ausgeführt werden, heißen die Producte Cameen oder Intagly's. Cameen von dem italienischen cammeo = geschnittener Stein, und Intagli von dem italienischen intaglio = gegrabene oder gestochene Arbeit. Weil diese Arbeiten hauptsächlich auf Edelsteinen ausgeführt wurden, werden sie auch Gemmen, von gemma oder gammeo, genannt. Aus der alten Zeit der Griechen und Römer sind uns noch viele solcher Gemmen erhalten; und auch in unserer Zeit werden noch Steine mit Siegeln geschnitten und Krystalle zu Vasen mit herrlichen Modellirungen verarbeitet.

Es ist hier nicht der Ort dazu, etwa eine genaue Anleitung zu geben, wie solche kleinen Kunstwerke zu schaffen sind, wohl aber muß ein Irrthum, der sich noch selbst bei gebildeten Laien findet, berichtigt werden. Sie meinen nämlich, die Steine mit erhöhten oder vertieften Reliefs werden mit Meißeln, ähnlich wie die Wappen in Messing oder Stahl, geschnitten; dies ist aber geradezu unmöglich. Es kann nur auf dem Wege des Schleifens geschehen. Man benutzt dazu ganz kleine, leicht gehende Drehbänke, in deren Spindeln an ihrer Spitze flache oder auch runde, verschieden geformte Stifte, meistentheils aber größere oder kleinere Scheibchen an langem Stiele angesetzt werden. Diese Scheiben bestehen entweder aus Kupfer oder aus Eisen. An ihrer Oberfläche werden sie mit feinem harten Schleifpulver (Schmirgel) und Oel bestrichen; dann hält man, nachdem die Scheibe in sehr schnellen Umlauf versetzt ist, die zu vertiefende Stelle des Steines dagegen. Einerseits drückt sich nun der Schmirgel in die Eisenoberfläche, anderseits schleift er eine Höhlung im Steine aus. Durch geschickte Führung des vorgehaltenen Steines, der seinerseits in einen festen Griff gefügt ist, kann man den Vertiefungen jede beliebige Richtung geben, und ganze Flächen somit ausschleifen. Je härter der Stein ist, desto langsamer schreitet natürlich die Arbeit vorwärts; das Fertigschleifen geschieht mit fein geschlämmtem Schmirgel. Wenn auch schon hierzu meistentheils ein Gypsmodell vorliegt, so thut doch die Geschicklichkeit des Schleifers die Hauptsache dabei.

Das Medaillenschneiden.

Auch hier wollen wir nur im Allgemeinen die Methode angeben, insofern nämlich der Medailleur auch zugleich bildhauerisch vorgeht.

Für jede figürliche Darstellung, welche auf dem Wege der Prägung in Metall seine Vollendung bekommt, muß ein Modell vorliegen. Man führt dasselbe meist in feinem Modellirwachs in mindestens doppelter, ja vierfacher Größe aus, formt es in Gyps und benutzt den Abguß als Vorlage bei der Bearbeitung des Stahlstempels. Während der zum eigentlichen Prägen benutzte Stempel vertieft sein soll, so kann dieser doch nicht von vornherein vertieft geschnitten werden, weil man nur schwer im Stande ist, die Flächenstellung in verkehrter Lage bei einem undurchsichtigen Material richtig zu beurtheilen. Darum wird denn die Medaillonfigur zunächst erhaben in weichem Stahle gearbeitet, und zwar mittelst Meißel, Punzen, Hammer, kleinen Stempeln und Grabsticheln, wie es eben die Formen erfordern. Nachdem das Modell so erhaben fertig geschnitten ist, wird der Stahl gehärtet und dann mittelst einer außerordentlich kräftigen Schraubenspindelpresse unter gewaltigem Druck in weichen Stahl sofort eingetrieben. In dieser vertieften Stahlform wird das verlangte Medaillon genauer ausgeführt und vollendet. Ist dies geschehen, so wird der Stahl wieder gehärtet und dann als eigentlicher Prägestempel benutzt. Sollte die Ausarbeitung an dem ersten vertieften Stahl noch nicht genügen, so kann man sich wieder einen erhabenen Abdruck in Stahl pressen, diesen bis zur Vollendung nacharbeiten und danach den Originalstempel herstellen.

Das Schneiden in Elfenbein.

Daß künstlerische Arbeiten in Elfenbein nur in beschränkter Größe ausgeführt werden können, ist nach dem Vorkommen des Materials leicht begreiflich. Gleichwohl haben wir die herrlichsten Arbeiten in diesem Stoffe aus allen Zeiten, namentlich aber aus der Renaissancezeit. Mit Vorliebe ist Elfenbein für Darstellungen (von Heiligenbildern, Crucifixen, Marienbildern mit Engeln) sacramentaler kirchlicher Geräthe, aber auch zu Trinkbechern in Verbindung mit Gold und Silber, verwendet worden.

Die Ausführung in Elfenbein geschieht hauptsächlich mit Hilfe des Grabstichels. Es kann aber bei figurlichen Darstellungen unmöglich so darauf losgeschnitten werden, es muß auch hier in den meisten Fällen ein Gypsmodell vorliegen. Im äußersten Falle genügt eine Zeichnung, wie z. B. bei Hochreliefs oder bei Reliefs auf cylindrischen Flächen, wie sie bei Bechern mit Jagdstücken vorkommen. Man zeichnet sich da zunächst die allgemeinen Umrisse auf, schneidet diese bis zur äußersten Tiefe frei; dann sucht man die höchsten Punkte und schneidet von diesen aus schräg nach dem Rande immer zuerst die erhabenen Theile heraus. Dieses geschieht mit einem scharfen Grabstichel, wobei man auch, wenn die Elfenbeinmasse festliegt, mit Hammer und Meißel nachhelfen kann. Die Arbeit schreitet schnell vorwärts, doch muß der ausführende Bildhauer stets die Flächenstellung dabei im Auge haben und sie rasch übersehen können.

Ich selbst habe mehrere kleinere Arbeiten zuerst mühsam ausgeführt. Erst allmählich wurde ich sicherer durch Uebung im Modelliren in Thon. Vornehmlich bekam ich Muth, als ich bei meinem Freunde, dem Bildhauer Vogel aus Wiesbaden, sah, wie er mit Leichtigkeit ganze Jagdscenen auf einem drei Zoll hohen Becher in einem Tage fertig schnitt. Daher kann jungen Leuten nicht genug empfohlen werden, sich mit dergleichen Künstlern bekannt zu machen.

Marmor-, Sandstein- und Holz-Bildhauerei.

Die Bildhauerwerke in ersteren beiden Materialien, dem Marmor und Sandstein, unterscheiden sich insofern von einander, daß an die Ausführung in Marmor größere Anforderungen gestellt werden, einerseits des Preises wegen, anderseits wegen der Qualität des Gesteins nach Härte und Festigkeit. Der Marmor erlaubt eine feinere Durchführung im Einzelnen als der Sandstein, und hat auch gleichsam eine größere Zähigkeit in seiner Structur. In der äußeren Behandlung kommen aber beide überein. Für beide Ausführungen ist ein Modell nöthig, gleichviel, ob die auszuführende Figur in gleicher Größe als dieses verlangt wird, oder in anderer.

Bei gleicher Größe werden zuerst auf dem Blocke die äußeren Umrisse, also die Punkte bestimmt werden müssen, welche die äußerste Oberfläche darstellen und somit die größte Ausdehnung von rechts nach links und von vorn nach hinten geben. Diese Aufgabe kann und wird nur mit Hilfe des Zirkels gelöst; und die Art, wie er benutzt wird, nennt man Punktiren. Die Steinarbeiter, die diese Arbeit verrichten — denn ein Bildhauer wird wohl nur in den seltensten Fällen seine Figur selbst in Stein ausführen — heißen Punktirer. In Italien bilden diese äußerst geschickten und sicheren Kunsthandwerker förmliche, vielbeanspruchte Zünfte, von denen Arbeiter nach München, Berlin, Paris u. s. w. verschrieben werden, um in den Werkstätten dortiger Meister die Werke in Marmor überzuführen. Rauch hatte stets in seinem Atelier zwei Italiener als Marmorarbeiter.

Um die Methode zu veranschaulichen, wählen wir das Beispiel einer in Marmor auszuführenden Büste. Da wird zunächst das Gypsmodell auf einer genau winkelrechten Platte befestigt, ebenso der Marmorblock auf einer ebenen Steinplatte mit Gyps unverrückbar festgegossen.

Hierauf wird die Gypsbüste auf ihrer ganzen Oberfläche mit Punkten besetzt, und zwar auf die Weise, daß man auf allen hervorragenden Punkten kleine Messingstifte einschlägt, welche an ihrer Außenfläche kleine Grübchen haben, um die Zirkelspitzen fest einsetzen zu können. Es stehen also zunächst an der Bodenfläche zwei Stiftmarken, eine dritte auf der Spitze der Nase, zwei auf der Stirnhöhe, eine auf dem höchsten Punkte des Scheitels, ferner eine auf der Hinterhauptshöhe, eine im Nacken, auf der Schulter, dann wieder zwei auf den Ohren rechts und links, zwei in der Halsdicke, zwei auf der Schulterhöhe u. s. w., bis alle hervorragenden Punkte besetzt sind. Dann kommen die in den Vertiefungen zwischen den bereits angegebenen

Stellen auftretenden Punkte, also z. B. die Jochbein=, die Augen= und Wangenpunkte, zur Bezeichnung, Ober= und Unterlippe, Mundwinkel, Halsgrube u. s. w., bis endlich die ganze Oberfläche des Modells mit Stiften besetzt ist. Jetzt kann die Marmorarbeit beginnen.

Zunächst werden auf dem Marmorblock die dem Modell entsprechenden vier am Grunde liegenden Punkte gesucht und mittelst kleiner Vertiefungen festgesetzt. Von je drei dieser festliegenden Punkte mißt man nun mit drei verschieden spitzen Zirkeln die Entfernung nach dem am weitesten vorspringenden Punkte auf der Nasenspitze.

Setzt man diese letztgenannten Zirkel jetzt auf die drei Fußpunkte des Marmorblockes ein, so werden sich die zwei vorderen Maßöffnungen wohl in einem Punkte schneiden. An dieser Stelle geht man mit dem Meißel tiefer, aber vorsichtig durch Abschlagen hinein in den Block, bis endlich auch der dritte Zirkelschlag von der hinteren Seite her genau durch denselben Punkt geht. Dies ist der erste sichere Punkt der Büste, welche dem Original entspricht. So werden denn nun allmählich nach dem stereometrischen Satze: Von drei nicht in einer Ebene liegenden Punkten läßt sich stets ein vierter im Raum, gleichsam die Spitze einer dreiseitigen Pyramide finden, alle Punkte des Modells auf den Block übertragen. Zuerst schlägt man wohl größere Stücke von Marmor mit dem Meißel ab, dann immer kleinere zuletzt schabt man nur mit Meißel und Feile, um die Stelle zu finden wo sich die drei Zirkelschläge in einem Punkt schneiden. Eine höchst mühselige Arbeit! Ein geschickter Punktirer hat an einer lebensgroßen Marmorbüste reichlich 1 Monat zu arbeiten. — So viel Punkte auf dem Modell durch Stifte markirt sind, und zwar je mehr desto besser für die Genauigkeit der Copie, ebensoviele zeigt nachmals der Marmor und diese verschwinden erst, wenn die feinsten Einzelheiten der Modellirung der Züge zur Vollendung führen.

Für Sandstein- und Holzbildhauer kann das eben beschriebene Punktirverfahren gleichfalls in Anwendung kommen. Indeß, wenn es sich nicht um absolut genaue Copirung des Modells handelt, wendet man ein einfacheres Verfahren an.

Man bringt nämlich sowohl über dem Modell, als auch über dem zu bearbeitenden Block zwei übereinstimmende rechteckige Rahmen horizontal an, von welchen Lothe herabhängen. Die Rahmen haben gleiche Maßeintheilung, so daß man im Stande ist die Entfernung eines Punktes vom Lothe bis zum Modell mittelst Abmessung durch eine Art Stichmaß entsprechend auf dem Stein- oder Holzblock zu finden.

Fünfter Abschnitt.

Kunstgeschichtliches.

Die bedeutendsten Plastiker (Bildhauer) der neueren Zeit.

Zur Veredlung des Geschmacks auf dem Gebiete der plastischen Kunst hat vor Allen, wenn auch nur in formaler Beziehung gewirkt,

Johann Heinrich Dannecker.*)

Seine ersten Werke schuf er in Rom (Marmorstatuen der Ceres und des Bacchus). Sie zeigen sein Streben nach Natur aber Anmuth des Ausdrucks und Weichheit der

---

*) Joh. Heinr. Dannecker ist geboren am 15. October 1758 in Stuttgart. Sein Vater war herzoglich württembergischer Maulthier=knecht. Herzog Carl Ludwig ließ ihn auf der Militär=Akademie in Ludwigsburg frei unterrichten; man wollte ihn später zum Tänzer ausbilden. Wegen seines großen Talentes, welches er im Zeichnen verrieth, erlaubte man ihm den Besuch der Bildhauerclasse unter Hofbildhauer Bauer. Nach drei Jahren fleißiger Arbeit im Zeichnen und Modelliren gewann er, 18 Jahre alt, mit einer Arbeit Milon von Croton und der Löwe einen Preis. 1780 wurde er mit 300 fl. Hofbildhauer Herzog Carls. Behufs seiner weiteren Ausbildung ging er 1783 nach Paris; dahin zog ihn der Maler Jaques

Form. Vornehmlich berühmt ist seine Ariadne auf dem Panther und seine Psyche und sein Amor. In weiblichen Gestalten waren seine Leistungen besonders hervorragend. Sein Johannes ist zwar in männlicher bestimmten Formen gehalten, aber weiblich behandelt, malerisch mild, an Sentimentalität streifend; sein Christus nicht in der sonstigen Strenge der kirchlichen Kunst. Ferner führte er in Marmor ein Relief, Geschichte und Tragödie aus; für das Keppler=Denkmal im Dom zu Regensburg, den Genius der Astronomie von hoher Stylschönheit. Außerordentlich zahlreich und auch allgemein bekannt geworden sind seine Porträtbüsten, namentlich Schiller's Kolossalbüste, Gluck, Lavater, Haug.

Johann Gottfried Schadow.

Er erhielt seinen ersten Unterricht durch einen gewissen Salvino, einem Gehilfen Tassaerts, eines durch Friedrich den Großen nach Berlin berufenen französischen Bild-

---

Louis David mit seiner nach Classicismus und nach Wahrheit strebenden Schule. 1785 wanderte er zu Fuß nach Rom, schloß sich hier Canova an und verkehrte dort auch mit Goethe, Herder u. A. 1790 kehrte er zurück nach Stuttgart, wurde zum Professor der Bildhauerkunst ernannt und Director der Kunstschule sowie Inspector der königl. Gallerie zu Ludwigsburg. Dannecker war von freundlich gewinnendem Wesen, dabei anspruchslos, bescheiden, sammelte gern gebildete Freunde um sich. Er war zweimal verheiratet. 1829 erkrankte er, genas jedoch; später trat bei ihm Gedächtnißschwäche ein. Er starb in hohem Alter am 8. December 1841. Imhof, Zwergen, Wegener waren Schüler Danneckers.

hauers und trat später in dessen Werkstatt. Sein Vater war ein schlichter Schneider. Schon mit 19 Jahren hatte er ein 300 Thaler betragendes Stipendium erworben, womit er nach Rom ging. Daselbst blieb er von 1785—1787 und erwarb sich die goldene Medaille mit seiner Gruppe **Perseus befreit die Andromeda**. Nach Tassaert's Tode ward er 1788 Hofbildhauer zu Berlin.

Sein erstes Werk war das Denkmal des verstorbenen jungen **Grafen von der Mark** (natürl. Sohn Friedrich Wilhelm II.) in der Dorotheenstädtischen Kirche; Minerva mit einem Jüngling, der Tod mit umgekehrter Fackel, von hochpoetischer Auffassung. Weitere Werke: **Die Quadriga** auf dem Brandenburger-Thor, musterhaft decorativ-monumental. **Statue des Mars**, Relief: **Bacchus und Ariadne** für das Marmorpalais in Potsdam. Hierauf folgten seine Porträtstatuen: **Friedrich der Große** in Stettin — mit Hermelinmantel — aus Furcht, daß bei kolossaler Größe die Figur einen ärmlichen Eindruck machen möchte. Herrlich ist die Kolossalstatue des **Generals v. Zieten**, im Gegensatz zu den damals geltenden Stylgesetzen in seiner natürlichen, einfachen Erscheinung. Von großer Lebenswahrheit ist die Gruppe **Kronprinzessin, nachmals Königin, Louise mit ihrer Schwester.** (1795.)

Schadow's beste Porträtstatue zeigt das Denkmal des Fürsten **Leopold von Dessau**, früher am Wilhelmsplatz zu Berlin, jetzt im Cadettenhause, am meisten geeignet sein Stylprincip, volksthümliche Darstellung der Bildhauerei, zu veranschaulichen. Der Griff zum Degen und der Feldherrnstab in der Rechten geben den schneidigen General ganz dem Volksbewußtsein entsprechend wieder. Die Nymphe

Salmacis, Bild einer schöngeformten, wollustathmenden, Sterblichen. Die Vorarbeiten zum Lutherdenkmal begannen ein Jahr vor dem Ausbruch des französischen Krieges und es wurde erst im Jahre 1821 enthüllt am Reformationsfesttage.

Die Statue Luthers ist von imponirender Gestalt, mit gothischem Giebel nach Schinkel, 24½ Fuß hoch mit Postament. Rauch rühmt die Einfachheit und Großheit. Die letzte große Arbeit Schadows ist die Blücherstatue für Rostock mit Reliefs am Postament, zopfig; für die Befreiungskriege hatte er keinen Sinn, sonst würde er seine Krieger im Zeitcostüme dargestellt haben. Seit 1822 bis 1844 haben wir noch 17 plastische Werke von ihm. Seine größte Thätigkeit fällt von 1807—1812, besonders Bildnißbüsten: Friedrich der Große, Wieland, Copernicus, Kant, Joh. v. Müller, Klopstock, Leibnitz, Otto v. Guerike, Haller, Heinrich der Vogelsteller, Conrad der Salier, Heinrich der Löwe, Otto der Große, Christian Graf zu Stolberg, Ferd. v. Braunschweig, Feldmarschall Graf zur Lippe, Karl der Große für die Walhalla.

Seine Untersuchungen über die menschlichen Proportionen, sein Polyklet sind bekannt.

Schadow war lange Jahre Director der Akademie und mit vielen Orden und Ehrenzeichen geschmückt starb er am 27. Januar 1850.

Albert (Bertel) Thorwaldsen.*)

Mit einem der ersten Werke, die Thorwaldsen in Rom schuf, feiert die moderne Plastik gewissermaßen ihre classische Wiederauferstehung, mit seinem Jason. Alle Welt war davon entzückt. (1820 ward er in Marmor ausgeführt.) Die lebensvolle Statue stellt den Helden in jugendlich kräftiger Gestalt mit dem Helm auf dem stolzen Haupte und dem erbeuteten Widderfell unter dem Arme dar, im Begriff zum Schiff zurückzukehren. Außer Büsten waren vornehmlich antike Stoffe die Motive seiner Arbeiten: Amor und Psyche, Bacchus, Ganymedes, Venus. Am liebsten wandte sich seine Phantasie der Ilias und der Bibel zu; am besten und klarsten spricht sich sein künstlerisches Empfinden für antikes Leben im Alexanderzuge aus, einem großen 36 1/2 Meter langen Fries. Offenbar ist die Conception durch den Alexanderzug des Phidias im Parthenon-Fries beeinflußt. Anlage und Behandlung sind mit

---

*) Bertel Thorwaldsen ist geboren am 19. November 1770 in Kopenhagen, als Sohn eines armen Bildschnitzers. Er besuchte den Zeichnenunterricht der Kunstschule in Kopenhagen und half dabei seinem Vater Gallionenbilder schneiden. Rasch absolvirte er die verschiedenen Classen der Kunstakademie, erhielt die große goldene Medaille und ein damit verbundenes Stipendium für eine Reise nach Rom, durch die Concurrenzbewerbung um den akademischen Preis im Jahre 1793. Erst im März 1797, in seinem 26. Jahre, kam er nach Rom, er nennt seine Ankunft seinen zweiten Geburtstag. Zoega und der Maler Asmus Karsten hatten großen Einfluß auf seine weitere Entwicklung, indem sie die in sprachlicher und historischer Beziehung mangelhafte Vorbildung vervollständigten. Die Zeitverhältnisse waren damals ungünstig, weil die Franzosen im Kriege mit Rom die Stadt vieler ihrer schönsten Kunstschätze beraubten.

classischem Geschmacke durchgeführt, in Beherrschung der Masse ist Adel der Form. Hunderte von Gestalten sind in zwei Monaten entworfen und vollendet.

In Reliefs und Medaillons entzückt Thorwaldsen durch die Sinnigkeit und Schönheit der Idee und durch die wunderbare Frische und Naivität des Ausdrucks, so in den Jahreszeiten; Wein- und Obstlese, Tag und Nacht, Alter der Liebe sind Perlen der Reliefdarstellung. In seinen anakreontischen Darstellungen zeigt sich das Unnahbare und Reine weiblicher Schönheit, nicht das sinnlich Lockende, in den Frauengestalten zum Ausdruck gebracht. Psyche, die Grazien, Venus, Hebe, Ariadne. Die Antike war ihm Vorbild, aber das Leben mit seinen realen Erscheinungen die wahre Quelle der Inspiration und Anschauung. Der Hirtenknabe, durch zufällige Beobachtung entstanden, ist fünfmal in Marmor ausgeführt.

Merkur, auf einem Baumstamm halb sitzend, in der Rechten das verborgen gehaltene Schwert, um dem durch Flötenspiel eingeschläferten Drachen, dem hundertäugigen Argus, den Kopf abzuschlagen und die durch Juno's Eifersucht in eine Kuh verwandelte Jo zu befreien. Man sieht, was geschehen ist und was geschehen soll!

Nach Kopenhagen zurückgekehrt, 1819, wurde er mit fürstlichen Ehren empfangen und erhielt den Auftrag, die Frauenkirche mit Wandbildern und Reliefdarstellungen zu schmücken. 16 Statuen in Terracotta, Predigt Johannes des Täufers, Relief der Einzug Jesu in Jerusalem schmücken den Giebel der Vorhalle und das Portal. An den Seitenmauern stehen die überlebensgroßen Statuen der Apostel mit ihren Attributen in Marmor und über dem Altar Christus, groß und edel. Ueber dem Chor-

raum im Fries der Gang nach Golgatha, 17 Meter
lang. Im Chor ein herrlicher Engel mit Taufbecken, zu
beiden Seiten der Kapelle Reliefs, Taufe Christi und
Einsetzung des Abendmahls. Thorwaldsen's Werk
ist das Reiterstandbild des Fürsten Poniatowski,
die Statue des Copernicus in Bronzeguß, Büste des
Kaisers Alexander. Ferner Statue des Chur-
fürsten Maximilian I. von Bayern für München,
Gutenberg für Mainz, Schillerbüste für Stuttgart.

Nach 41jährigem Aufenthalt verließ Thorwaldsen Rom
1841, nur vorübergehend zurückkehrend. Seine Rückkehr wurde
mit königlichen Ehren gefeiert. Die Akademie ließ eine
Schaumünze schlagen: In der Mitte Thorwaldsen, darum
seine Werke. Hochherzig schenkte der Künstler der Kirche
seinen Christus und die Apostel. Die Marmorbilder und die
übrige Ausführung in Marmor lieferte er zu einem Preise
unter den Selbstkosten. Seine eigenen Arbeiten, sowie seine
Sammlungen schenkte er dem eigens hierfür errichteten
Museum. In seiner Heimat führte er noch aus die
Büste Oehlschläger's und des Dichters Holberg
und seine eigene Statue (1840), in der Blouse, mit dem
Meißel in der Linken, gestützt auf eine griechische Statue,
die Standbilder König Frederick's VI. und Christian IX. auf dem Schloßplatze bei Swedenborg in Jüt-
land und in Kopenhagen. Thorwaldsen hat an 80 Bild-
säulen, 3 lange Friese, 220 Reliefs geliefert. Plötzlich vom
Schlage gerührt verschied er am 24. März 1844; er ruht
im Hofraum seines Museums. Schlichtheit des Ausdrucks,
Adel und Reinheit der Form, Schönheit und Würde ist
dem Relief durch ihn zurückerobert.

Christian Daniel Rauch.*)

Die Richtung Rauch's ging im Gegensatz zu der ideal-antiken Thorwaldsen's, wie der seines Meisters Schadow, auf das Individuelle der Erscheinung. Hatte schon Schadow auf der Akademie in Berlin starken Einfluß auf Rauch, so waren es doch besonders Thorwaldsen und Canova in Rom.

Sein erstes Werk: Grabdenkmal der Königin Louise für das Mausoleum in Charlottenburg war seine erste bedeutendste Leistung, 1814 angefangen und 1815 am 19. Juli vollendet. Hierdurch begründete Rauch seinen Ruf. Zunächst kamen eine große Anzahl von Büsten. Goethe, dann die Statuen von Scharnhorst und Bülow, Statue des Kaisers Alexander von Rußland, das Blücherdenkmal als Skizze für Breslau. Von Rom, 1818, nach Berlin zurückgekehrt, schuf er in 10 Jahren 70 Büsten. Das gewaltige Siegesdenkmal auf dem Kreuzberg bei Berlin nach Schinkel's Entwurf und ein zweites Königin Louisen-Denkmal

---

*) Christian Rauch wurde geboren zu Arolsen als Sohn des fürstlich waldeck'schen Kammerdieners Georg Rauch. Sein Schulunterricht bis zum 14. Jahre war sehr beschränkt; er lernte nur etwas Latein und französisch. Anregend war für ihn die fürstliche Kunstsammlung. Fünf Jahre war er in der Lehre bei Hofbildhauer Valentin; später 1795, ging er nach Cassel als Schüler der Akademie. Durch Todesfälle in seiner Familie wurde er gezwungen, seine Studien in Cassel aufzugeben und eine Lakaienstelle bei Friedrich Wilhelm anzunehmen; später trat er nach dessen Tode in den Dienst der Königin Louise. Diese gab ihm volle Gelegenheit, frei vom Dienste, die Akademie zu besuchen, Vorlesungen zu hören und seine Bildung zu vervollständigen.

für Potsdam zeugen von idealerem vertieften Ausdruck, ihm folgte das Denkmal der Königin Charlotte von Hannover im Mausoleum zu Herrenhausen. Friedrich Wilhelm III., die Blücherstatue in Berlin ward 1826 aufgestellt. In München modellirte er im Auftrage König Ludwig's die Kolossalstatue Maximilians von Bayern am Sockel der Bavaria. 1826 kehrte er nach kurzem Aufenthalte in Rom nach Berlin zurück. Um dieselbe Zeit vollendete Rauch das Standbild Friedrich Wilhelm I. für Gumbinnen, 1828 aufgestellt.

Diesem folgte die Dürerstatue für Nürnberg, die Bildsäule Hermann Frankes für Halle, die der Polenkönige Micislaw und Boleslaw für den Dom zu Posen, in mittelalterlichem Costüm, der eine im Kettenpanzer, der andere im reichen Festgewande, dann die kolossale Victoria auf dem Belle-Allianceplast in Berlin.

Ein Werk, welche alle bisherigen Schöpfungen überragte, ist Rauch's Standbild Friedrichs des Großen unter den Linden in Berlin; es ist allbekannt. Dann folgte die Kant-Statue für Königsberg, das Thaer-Standbild in Berlin, sowie Statuen der Generale York und Gneisenau neben dem Blücher-Denkmal in Berlin. Bei der Ent-

---

Große Sehnsucht nach Rom veranlaßte ihn zur Aufgabe seiner Stellung; er bekam 125 Thaler Pension. Er wurde künstlerischer Reisegefährte des Grafen Sandratzki, ging von Dresden über Weimar, Frankfurt a. M. nach Paris und kam am 20. Januar 1805 nach Rom, fand freundliche Aufnahme bei Canova, Thorwaldsen, Alexander v. Humboldt, Schlegel, Tieck und Niebuhr; vornehmlich verkehrte er mit Wilhelm v. Humboldt. Eine Aenderung der glücklichen Lage veranlaßte der Tod der Königin Louise.

hüllung des Friedrichs-Denkmals war Rauch bereits 75 Jahre. Für Hannover lieferte er das Grabdenkmal des Königs Ernst August und für die Friedenskirche in Potsdam die herrliche Moses-Gruppe.

Rauch war in der Kunst und im Leben Patriot, hatte das tiefste Interesse an der nationalen Sache und verfolgte mit Freudigkeit als Künstler den großen idealen Gedanken seiner Zeit. Rauchs Charakter war stets ernst, aber hilfreich gegen seine Schüler und Kunstgenossen. Arbeit war seine höchste Freude. Rauch starb an einem Blasenleiden am 3. November 1857 in Dresden. Im Leben erhielt er die höchsten Ehren und Auszeichnungen, und bei seinem Tode herrschte die tiefste Trauer.

Ernst Rietschel.*)

Das erste große Werk dieses Künstlers ist die sitzende Statue des Königs Friedrich August im Zwinger zu Dresden und gleichzeitig begann er die Statuen für das Portal des Leipziger Universitätsgebäudes, die Figuren im Giebelfelde: Theologie, Philosophie, Jurisprudenz und

---

*) Ernst Rietschel ist 1804 zu Pulsnitz bei Dresden geboren. Sein Vater war Handschuhmacher, später Küster. Er lernte zuerst Kaufmann. 1820 kam er auf die Akademie zu Dresden. Zuerst führte er ein höchst armseliges Leben; im dritten Studienjahre gings besser, doch wollte man keinen Erfolg bemerken. 1826 kam er zu Rauch ins Atelier; allmählig wuchs Rauchs Interesse für seinen jungen Schüler.

Medicin, nebst Büsten der Könige Anton, Friedrich August, Prinz Maximilian und Johann, nebst Reliefs, die Culturgeschichte darstellend, 12 Reliefs in der Aula der Universität.

Größere Arbeiten von ihm sind die Statuen von Goethe, Schiller, Gluck und Mozart für das Hoftheater in Dresden (beim Brande von 1869 nur theilweise gerettet). Vornehmlich gelobt wurde von Rauch der 41 Fuß lange Giebelschmuck des Berliner Opernhauses, Apollo unter den Musen und Grazien darstellend; in großartigen Formen zeigt sich harmonisch das rechte Princip der Natur durchgeführt.

In den nächsten 10 Jahren entstanden eine Pieta, die Statue Lessings für Braunschweig und das Doppelstandbild »Schiller und Goethe«. Die Pieta war von einem polnischen Privatmann ursprünglich bestellt, schließlich von Friedrich Wilhelm IV. für dessen eigenes Grabdenkmal bestimmt. In dieser Gruppe herrscht bei aller Schlichtheit und Naturwahrheit eine hohe poetische Empfindung, es ist eines der edelsten Werke, welche die neuere Kunst auf religiösem Gebiete hervorgebracht hat. Lessing ist ohne Mantel, weil er auch nichts bemäntelte. Das Individuelle, geistig Bedeutsame Lessings ist mit staunenerregender Sicherheit, das schöne Gleichgewicht des Idealen und Realen an Lessing zum Ausdruck gebracht, so daß W. v. Kaulbach

---

Im Jahre 1828 gewann er den Preis der Akademie und erhielt Empfehlungen nach Dresden. Es wurden ihm von dort 400 Thaler zur Reise nach Rom ausgesetzt, wo er 1830 seine Studien begann. 1832 wurde er Professor der bildenden Künste an der Akademie zu Dresden. Rietschel, ein Mensch in des Wortes edelster Bedeutung, starb, leider viel zu früh, am 21. Februar 1861.

mit Recht sagen konnte: »Man darf ihn nur vom Rücken ansehen und man weiß, daß es kein anderer sein kann als Lessing, oder ein Mann gleichen Schlages, gleich eisern und doch edlen Gepräges.« Diese Statue wurde am 9. Juli 1843 vollendet, von Howald gegossen und am 29. September 1853, aufgestellt. Die Goethe- und Schillerstatue in Weimar, von packender Schlichtheit und Wahrheit, wurde 1857 im Modell vollendet. Getreu im Zeitcostüm sind beide Männer trefflich charakterisirt; man könnte ihnen die Köpfe abnehmen und würde doch die Geistesart erkennen. Seine 4 Jahreszeiten und zwei Reliefs, Amor mit dem Panther, sind voll frischen, naiven Humors und heiterer Laune, anmuthvoller poetischer, und zum Malerischen hindrängender Auffassung.

Das Wormser Lutherdenkmal, begonnen 1858, ist Rietschel's gewaltigste Schöpfung. 3 Skizzen befinden sich im Rietschel-Museum zu Dresden. Rietschel schuf blos das Modell zum Luther, Kietz, A. Donndorf, J. Schilling haben dasselbe vollendet.

Antonio Canova.*)

Seine erste Arbeit war eine Gruppe, Dädalus und Ikarus in Marmor; sein Theseus als Besieger der Cen-

---

*) Canova ist der Sohn eines Steinmetzen, im Dorfe Passagno 1757 geboren. Die venetianische Regierung schickte ihn 1779 nach Rom in Anerkennung der Preise die er auf der Akademie erhalten hatte (300 Dukaten). Die Werke Canova's belaufen sich auf 176; 33

tauren wurde 1819 in Marmor vollendet, bezeichnen gleichsam den Anfang einer neuen glänzenden Kunstepoche, lebendigen Sinn für Naturwahrheit unter erfolgreicher Benützung der Antike. Amor und Psyche verräth Neigung zum Malerischen und Weichen.

Sein Perseus mit dem Haupte der Medusa wurde im Vatican am Platze des geraubten Apollo von Belvedere aufgestellt, 1805. Für die Päpste Ganganelli und Rezzoniko lieferte er Grabdenkmäler, ferner ein Denkmal der Erzherzogin Marie Christine von Oesterreich zu Wien in der Augustiner-Kirche.

Sehr schön ist die Figur der **Wohlthätigkeit**

Seine Hauptwerke sind folgende: **Rasender Hercules** den Lichas ins Meer schleudernd, zwei **Faustkämpfer**, ein geflügelter **Amor**, **Venus und Adonis**, **Amor und Psyche**, **Psyche mit einem Schmetterling**, **Hebe mit dem Nectargefäß und der Trinkschale** (im Berliner Museum), die **Grazien** 1804. — Canova's Ruhm verschaffte ihm große auswärtige Aufträge: Statue **König Ferdinand IV. von Neapel** im römischen Costüm; **Kaiser Napoleon** als unbekleideter Lorbeerbekränzter mit Weltkugel und Scepter, in Erz zu **Mailand** und in Marmor zu **London**. Die **Mutter Napoleons** als **Agrippina** im Capitol zu Rom. **König Murat** 1812. **Washington** für Amerika im römischen Gewande, technisch vollendet und von decorativer Wirkung. Canova überragte

---

Marmorstatuen, 12 Gruppen, 14 Sarkophage, 8 große Grabmonumente, 9 Kolossalfiguren, 54 Büsten, 26 Basreliefs. Er starb in Venedig 1822. Er wurde mit einem Gehalt von 3000 Scudi zum Marchese von Ischia gemacht, war Ritter hoher Orden und wurde mit Ehren überschüttet von Städten und Großen.

seine Vorgänger, aber epochemachend sind nur seine weiblichen Figuren in ihrer Anmuth, die jedoch öfter in sinnliche Lüsternheit hinüberstreift. Man wollte es wohl damals meist so haben!

Ludwig Schwanthaler.*)

Die Werke dieses Meisters sind von poetischer Frische und zeigen durchgehends den Zug zum Romantischen. Dies erscheint namentlich an einem schönen Werke für den Palast des Herzogs Max von Bayern: **Der Triumphzug des Bacchus.** Von entzückender Wirkung sind die Sculpturen am nördlichen Giebel der Walhalla: **Hermann der Cherusker und der Hauptmoment der Schlacht im Teutoburger Walde:** fünfzehn überlebensgroße Figuren,

---

*) Ludwig Schwanthaler wurde am 26. August 1802 in München als Sohn eines Bildhauers und Steinmetzen geboren. Er betrieb emsig die Geschichte des Mittelalters. Auf der Akademie hatte er beim Director Peter v. Langer keine Aufnahme gefunden, doch Peter v. Cornelius ermunterte ihn, nachdem er schon zur Malerei übergegangen war, wieder zur Plastik zurückzukehren. 1821 mußte er seines Vaters Geschäft übernehmen. Er wurde durch Oberstallmeister von Kosling an König Maximilian I. empfohlen. Ein Silberservice wurde im Auftrage desselben begonnen, aber nicht vollendet. Durch Baron v. Klenze und Cornelius bekam er Auftrag die Glyptothek mit bildnerischem Schmuck zu decoriren. König Ludwig sandte ihn nach Rom, doch verhielt er sich dort fast nur beobachtend. 1832 ging er zum zweitenmale nach Rom, um Modelle für Grabsculpturen der Walhalla auszuführen. Nach München zurückgekehrt ward er von König Ludwig zum Professor ernannt. Schon Jahre lang leidend starb er am 26. November 1848.

Varus, Thusnelda, Barde u. s. w. Weniger gelungen scheint die Gruppe am Südgiebel, die Wiederherstellung Deutschlands. Für die Façade der Ludwigskirche lieferte er die Statuen Christi, die Evangelisten und Apostel Paulus und Petrus in Kalkstein, ferner für das Giebelfeld des Ausstellungsgebäudes die Bavaria auf einem von Löwen bewachten Throne, den nahenden Künstlern Kränze spendend; für den Königsbau ein Relief zu Pindars Gesängen; für den Thronsaal ein anderes nach Ovid's Mythe von der Aphrodite. In echt romantischer Auffassung ist gehalten ein Fries für den Saalbau auf Goldgrund: Der Kreuzzug Barbarossas, und noch für die fernere Ausschmückung 12 große, in Erz gegossene, und vergoldete Statuen (Ahnen des bayerischen Regentenhauses), 24 Künstlerstatuen für die Pinakothek nach 1 Fuß hohen Modellen; für die Bibliothek die Statuen Ludwigs, Herzogs Albrecht; für die Befreiungshalle zu Kehlheim die Victorien; das Denkmal Rudolfs v. Habsburg für den Dom zu Speier.

Schwanthaler lieferte ferner: die Statuen Tilly und Wredes für die Feldherrnhalle in München; das Denkmal des Markgrafen v. Brandenburg für Erlangen; die Statue Goethes für Frankfurt a. M.; die Bildsäule Mozarts für Salzburg; Jean Pauls für Bayreuth; die Statuen des Großherzogs Carl Friedrich von Baden für Karlsruhe und des Großherzogs Ludwig v. Hessen für Darmstadt; das Standbild Franz II. von Oesterreich für Franzensbad und für Stockholm die Statue Königs Karl Johann v. Schweden; eine Austria für den Brunnen auf der Freiung in Wien; eine Marienstatue in der Vorstadt Aue und ein Denkmal des Donau-Meinwalds zu Erlangen. Berühmt ist noch der Schild des Herakles nach Hesiod, welcher mehrmals in Erz gegossen ist.

Das kolossalste Werk Schwanthalers, die Bavaria mit ihrem Löwen, ohne Sockel 54 Fuß hoch, welches 1849 feierlich enthüllt wurde. Bei monumentaler Kühnheit des Denkmals zeigt es volle Beherrschung des gegebenen Stoffes.

Wenn Schwanthaler nicht immer für die Ausbildung der Formen die nöthige Sorgfalt anwandte, so lag dies in dem Streben nach decorativer Wirkung und malerischem Effect. Schwanthalers bedeutendster Schüler war Hähnel, der den Styl des Meisters, den Idealismus der Münchener Schule in formvollendeter Weise neben Rietschel in Dresden weiterbildete.

Rauch's Schule.

Zu seinen ältesten und begabtesten Schülern gehört

Friedrich Drake

aus Pyrmont, der sich in seinen Standbildern: Schinkel, Rauch, für die Vorhalle des alten Museums in Berlin seinem Meister eng anschloß, in seinen Reliefdarstellungen (Denkmal Königs Friedrich Wilhelm III. im Thiergarten) durch die Naivetät der Empfindung und den feinen poetischen Sinn fast alle Genossen überragt. Für die Behandlung der Reliefs in Rauch's Schule bietet

Hermann Schievelbein

mit seinem großen Fries im griechischen Hofe des neuen Museums, leider nur in Stucco ausgeführt, ein gutes Beispiel. Auch

Gustav Bläser

aus Köln (Friedr. Wilhelm IV. auf der Rheinbrücke zu Köln), der namentlich als Thierbildner berühmte

August Kiß

aus Schlesien (Amazone mit Tiger, Ritter Georg mit dem Lindwurm, Friedr. d. Große für Dresden, Friedr. Wilhelm III. für Königsberg und Potsdam, Leopold v. Dessau in Dessau, Benth, Schwerin und

Winterfeld in Berlin), der technisch gut geschulte aber in der künstlerischen Anschauung schwankende

Bernhard Afinger

aus Nürnberg, dem Schöpfer der Bonner Arndtstatue und zahlreicher Grabmonumente, sowie

Albert Wolff

aus Mecklenburg-Strelitz mit seinen zahlreichen Statuen und Denkmälern: Friedr. Wilhelm III. im Lustgarten zu Berlin, Löwenkämpfer auf der Treppenwange des alten Museums als Gegenstück zu Kiß' Amazone, verdanken der Werkstätte Rauch's ihre Ausbildung. Das glänzendste Denkmal der Schule bleiben die acht Marmorgruppen auf der Schloßbrücke zu Berlin, welche das Leben des Kriegers in antikmythologischem Gewande schildern.

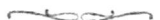

Anmerkungen.

(Zu Seite 78, Z. 9). Diese ästhetische Barbarei hat neuerdings in dem Director der königl. sächsischen Antiken- und Abgußsammlungen in Dresden, Prof. Dr. Georg Treu, einen fanatischen Vertheidiger gefunden in seiner 1803 erschienenen Broschüre: »Sollen wir unsere Statuen bemalen?« — eine Frage, die er für die moderne Plastik mit »Ja« beantwortet. —

(Zu Seite 81, Z. 14). Uebrigens bedarf es nicht einmal des materiellen Farbenauftrages, um eine polychrome Wirkung im unkünstlerischen Sinne zu erzielen; sondern es genügt dazu auch die bloße Verbindung von natürlich verschiedenfarbigen Materialien. Als Beispiel mag einer »Othello-Büste« von einem renommirten französischen Bildhauer Erwähnung geschehen, die vor mehreren Jahren auf der Berliner Kunstausstellung zu sehen war. Ihre Requisiten waren: Mohrenkopf und Hals von schwarzem Marmor, eingesetzter weißer Augapfel mit schwarzer Iris, grünbronzirter Aermeljacke, aus welcher eine schwarze marmorne Hand mit dem weißmarmorirten Schnupftuch der Desdemona hervorsieht (!). Sie erregte selbstverständlich große Bewunderung (Goethe sagt: »bei Kindern und Laffen«) wegen ihrer »außerordentlichen Naturwahrheit.« Freilich, wenn den Künstlern »danach der Gaumen steht«, dann dürfte die Hoffnung auf eine gesunde Entwicklung der Kunst eine vergebliche sein.

(Zu Seite 83, Z. 8 u.). Unter anderem ist hier der geniale Reinhold Begas zu erwähnen, welcher zuerst mit Bewußtsein diese Richtung eingeschlagen hat, namentlich in seinen reizenden Gruppen: »Pan die Psyche tröstend« und »Venus den verwundeten Amor beruhigend«; Werke, in denen allem seriösen Stil moderner Antikisirung zum Trotz, die Antike in feiner und höchst anziehender Weise ironisirt wird, wodurch sie gerade recht lebensvoll und wahr erscheint.

(Zu Seite 85, Z. 14). Sehr richtig bemerkt daher Vischer (Aesthetik III., S. 393), daß die Fläche beim Relief »indifferent ist, nur die Baukunst angeht«, und weist auf die in der Flächenhaftigkeit liegende »Versuchung zu wirklicher Vermischung der Grundgesetze zweier Künste« hin (nämlich der Plastik mit der Malerei), »zu einer falschen Uebertragung der malerischen in die plastische Phantasie«, und setzt hinzu, daß »die Griechen noch nicht, wohl aber die Römer, noch mehr aber die Künstler des späteren Mittelalters, der Renaissance- und der Rococozeit« (er hätte hinzusetzen können: besonders aber die modernen Bildhauer) »dieser Versuchung unterlegen« sein. Daß diese vom feinsten Verständnisse für die wahre Natur des Reliefs zeugende Bemerkungen für »Aesthetiker« vom Schlage eines Lübke (siehe »Geschichte der Plastik«) und Lemke (»Populäre Aesthetik«) in den Wind gesprochen sein mußten, bedarf keiner Erklärung.

Namen- und Sachregister.

Abformen 49.
Abschlagen 49.
Abschmelzen 120.
Act 40, 41, 45.
Afinger 148.
Ahornblatt 17.
Akanthusblatt 17.
Akroterie 19.
Allegor. Darstellung 66, 68.
Anatomie 93.
Anmalen 67.
Ansatzstelle 57.
Anschneiden 29, 35.
Architektur 64, 67.
Atelier 9.
Athlet 65.
Aufbau 39, 44.
Ausbessern 59.

Basrelief 63.
Beleuchtung 64.
Bläser 147.
Blasen 58.
Bolus 46, 48.
Bronze 88.

Camee 121.
Canova 142.
Capitälmodell 19, 20.
Ciseliren 49, 53.
Compositionen 67.
Consol 20.
Contour 13, 18.

Dannecker 131.
Drahtsäge 57.
Drahtschlinge 35, 44.
Drake 87, 147.
Drehwerk 12.

Elfenbein 124.
Epheublatt 17.

Faltenwurf 43.
Flachornament 18.
Firniß 51—53.
Fischhaut 60.
Formen u. der Natur 17, 18.
Formnähte 53.
Friesverzierung 1,864

Gemmen 121.
Gerüst, eisernes 25, 45.
Gesichtsausdruck 31.
Gewandung 76, 84.
Gewandmodell 42.
Giebelakroterie 18.
Gliederabgüsse 10.
Gliederpuppe 43.
Grabstichel 123, 124.
Größe plastischer Darstellung 65, 69.
Gurtgesims 18.
Gypskisten 10.

Hautrelief 63.
Hilfsmodell 39, 42.

Idealbüste 71.
Idealplastik 68.
Intaglys 121.

Kalkseifenschicht 53.
Kasten- oder Formenbüste 25.
Keilform 50.
Kiß 147.
Kitt 121.
Kreuzknabel 44.
Kunstakademie 40.

Laubsägeholz 13.
Lothen 29, 128.

Mantel 52, 55.
Marmor 87.
Material 87.
Medailleur 122.
Medaillonrahmen, Ziehen des 13.
Modell 41.
Modellirhölzer 3.
Modellirstuhl 10.
Modellirwachs 8.
Modellsteher 41.
Muskulatur 93.

Nackte, das 77.
Naturfarbe 67.
Nische 64.

Ornamente, fortlaufende 19.

Ornamentik, architektonische 17.

Palmette 18.
Pedesterstatue 40.
Piedestal 25.
Pilaster 64.
Plastik 67.
Platanenblock 17.
Plinthe 27.
Podium 10.
Polychromische Plastik 78.
Profil 13, 37.
Proportion 111.
Punktiren 126.
Punzen 119.

Rahmen 13.
Rankenzüge 18.
Rauch 138.
Raum d. Ateliers 10.
Reiterstatue 40.
Relief 83.
Reliefhöhe 24.
Reliefmedaillon 22.
Rietschel 141.
Rohaufbau einer Büste 25.
Rosette 17.

Rostflecke 60.
Rundform 85.
Rundstab 22.
Rutschen des Thones 25, 44.

Sandpapier 59.
Schablonen 13.
Schadow 40, 132.
Schaßler 67.
Schatten 64.
Schellackirung 5, 51.
Schievelbein 86, 147.
Schillerstatue 65.
Schiller-Goethestatue 65.
Schinkel 66.
Schleifpulver 122.
Schlinge (Draht=) 4.
Schlitten (Zieh=) 15.
Schmirgel 122.
Schraubenbolzen 16.
Schwanthaler 144.
Skizze 39.
Stahlstempel 123.
Standbild 71.
Statuette 34.
Staubspritze 47.
Stückenform 47.

Thon, fetter 6.
— kasten 7.
— gelber, rother, weißer, schwarzer 6.
— magerer 6.
— steg 47.
Thones, Schlämmen des 5.
— Zurichten des 7.
Thorwaldsen 86, 135.
Torso 27.
Treiben 119, 120.
Treibkitt 120.
Treibkugel 120.
Treibpech 120.
Tympanon 64.

Unterschneidung 50.

Verlorne Form 47.
Vogel 125.

Wasserguß 47.
Werkzeuge 3.
Wolff, Albert 148.

Zeitcostüm 66.
Zinkblech 16.
Zinkstreifen 14.
Zirkel 25.

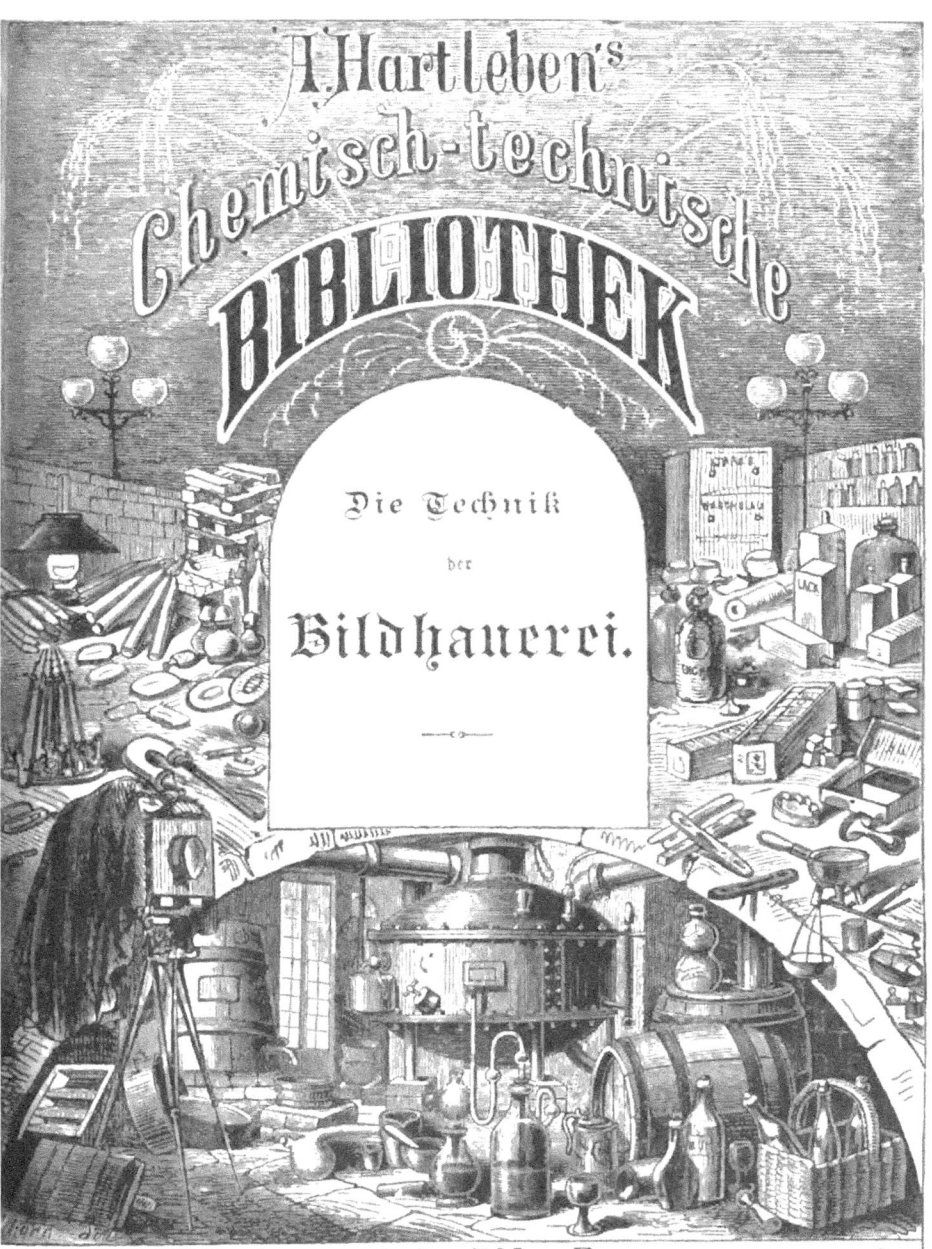

A. Hartleben's
Chemisch-technische Bibliothek.

In zwanglosen Bänden. — Mit vielen Illustrationen. — Jeder Band einzeln zu haben.

Kein Zweig der menschlichen Thätigkeit hat in einer so kurzen Spanne Zeit so bedeutende, wahrhaft riesige Fortschritte gemacht, wie die chemische Wissenschaft und deren Anwendung auf die Gewerbe — die chemische Technologie; jedes Jahr, ja fast jeder Monat bereichert unser Wissen mit neuen, staunenswerthen Erfindungen auf chemisch-industriellem Gebiete.

Die chemischen Gewerbe haben das Eigenthümliche, daß sie ein viel rascheres Umsetzen des Capitals gestatten, als die mechanischen; während es bei diesen oft Monate lang dauert, bis das Object verkaufsfähig wird, verwandelt der Industrielle auf chemischem Wege sein Rohmaterial in wenigen Tagen, oft selbst in wenigen Stunden in fertige Handelswaare. Wir erinnern hier nur an die Seifen-Fabrikation, die Fabrikation der Parfumerien, der Stärke, des Leimes, die Branntweinbrennerei, Essig-Fabrikation, Bierbrauerei u. s. w.

Die chemisch-technische Literatur hat aber im Großen und Ganzen nicht mit den Fortschritten der Technik gleichen Schritt gehalten; wir besitzen zwar treffliche Quellenwerke, welche aber vom allgemein wissenschaftlichen Standpunkte gehalten, dem praktischen Fabrikanten in der Regel nicht das bieten, was für ihn Bedürfniß ist: ein compendiös abgefaßtes Handbuch, in welchem frei von allem überflüssigen Beiwerke die Fabrikation der betreffenden Producte in klarer, leicht faßlicher, wahrhaft populärer Weise dargestellt ist und den neuesten Erfindungen und Erfahrungen entsprechend Rechnung getragen wird.

Die Mehrzahl der chemisch-technischen Specialwerke, welche unsere Literatur besitzt, datirt meist aus älterer Zeit, oder sind von bloßen Theoretikern verfaßt, denen die Kenntniß der **praktischen** Fortschritte auf chemisch-technischem Gebiete mangelt.

Eine neue Zeit fordert neue Bücher. — In Erwägung der vorstehenden Thatsachen ist die gefertigte Verlagshandlung seit einer Reihe von Jahren thätig, im Vereine mit einer großen Anzahl der eminentesten Fachmänner und treu in ihrer Richtung: die Industrie durch Herausgabe wahrhaft populärer technischer Werke zu unterstützen, die **Chemisch-technische Bibliothek** zu einer alle Gebiete der menschlichen Arbeit umfassenden Encyklopädie zu gestalten, in welche nach und nach alle Zweige der chemischen Industrie aufgenommen werden sollen. — Die Bearbeitung jedes Fabrikationszweiges liegt in den Händen solcher Männer, welche durch ihre reichen wissenschaftlichen Erfahrungen, sowie durch ihre bisherigen literarischen Leistungen die sichere Bürgschaft dafür geben, daß ihre Werke das Beste bieten, das auf diesem Gebiete gefordert werden kann.

Daß der von der unterzeichneten Verlagshandlung eingeschlagene Weg der Herausgabe einer chemisch-technischen Bibliothek der richtige sei, wird durch die ausnahmslos höchst günstigen Besprechungen der bisher erschienenen 200 Bände der »Chemisch-technischen Bibliothek« in den verschiedensten technischen und wissenschaftlichen Blättern des In- und Auslandes verbürgt.

Mitarbeiter für unsere »Chemisch-technische Bibliothek« sind uns stets willkommen.

Möge das Unternehmen dem allgemeinen Wohle jenen Nutzen bringen, welchen die Schöpfer desselben als erstrebenswerthes Ziel im Auge haben!

A. Hartleben's Verlag in Wien, Pest und Leipzig.

A. Hartleben's
Chemisch-technische Bibliothek.

In zwanglosen Bänden. — Mit vielen Illustrationen. — Jeder Band einzeln zu haben.

In eleganten Ganzleinwandbänden, pro Band 45 Kreuzer = 80 Pf. Zuschlag.

I. Band. Die Ausbrüche, Secte und Südweine. Vollständige Anleitung zur Bereitung des Weines im Allgemeinen, zur Herstellung aller Gattungen Ausbrüche, Secte, spanischer, französischer, italienischer, griechischer, ungarischer, afrikanischer und asiatischer Weine und Ausbruchweine, nebst einem Anhange, enthaltend die Bereitung der Strohweine, Rosinen-, Hefen-, Kunst-, Beeren- und Kernobstweine. Auf Grundlage langjähriger Erfahrungen ausführlich und leichtfasslich geschildert von Karl Maier. Dritte, sehr vermehrte und verbesserte Auflage. Mit 15 Abbild. 15 Bog. 8. Eleg. geh. 1 fl. 20 kr. = 2 M. 25 Pf.

II. Band. Der chemisch-technische Brennereileiter. Populäres Handbuch der Spiritus- und Presshefe-Fabrikation. Vollständige Anleitung zur Erzeugung von Spiritus und Presshefe aus Kartoffeln, Kukuruz, Korn, Gerste, Hafer, Hirse, und Melasse; mit besonderer Berücksichtigung der neuesten Erfahrungen auf diesem Gebiete. Auf Grundlage vieljähriger Erfahrungen ausführlich und leichtfasslich bearbeitete Auflage. Von Ed. Eibherr (früher von Alois Schönberg). Dritte, vollständig umgearbeitete Auflage. Mit 37 Abbild. 14 Bog. 8. Eleg. geh. 1 fl. 65 kr. = 3 Mark.

III. Band. Die Liqueur-Fabrikation. Vollständige Anleitung zur Herstellung aller Gattungen von Liqueuren, Crèmes, Huiles, gewöhnlicher Liqueure, Aquavite, Fruchtbranntweine (Ratafias), des Rumes, Arracs, Cognacs, der Punsch-Essenzen, der gebrannten Wässer auf warmem und kaltem Wege, sowie der zur Liqueur-Fabrikation verwendeten ätherischen Oele, Tincturen, Essenzen, aromatischen Wässer, Farkstoffe und Früchten-Essenzen. Nebst einer grossen Anzahl der besten Vorschriften zur Bereitung aller Gattungen von Liqueuren, Bitter-Liqueuren, Aquaviten, Ratafia's, Punsch-Essenzen, Arrac, Rum und Cognac. Von August Faber, geprüfter Chemiker und praktischer Destillateur. Mit 15 Abbild. Fünfte, vermehrte und verbesserte Aufl. 28 Bog. 8. Eleg. geh. 2 fl. 50 kr. = 4 M. 50 Pf.

IV. Band. Die Parfumerie-Fabrikation. Vollständige Anleitung aller Taschentuch-Parfums, Riechsalze, Riechpulver, Räucherwerke, aller Mittel zur Pflege der Haut, des Mundes und der Haare, der Schminken, Haarfärbemittel und aller in der Toilettekunst verwendeten Präparate, nebst einer ausführlichen Schilderung der Riechstoffe etc. etc. Von Dr. chem. Georg William Askinson, Parfumerie-Fabrikant. Dritte, sehr vermehrte und verbesserte Auflage. Mit 2 Abbild. 27 Bog. 8. Eleg. geh. 2 fl. 50 kr. = 4 M. 50 Pf.

V. Band. Die Seifen-Fabrikation. Handbuch für Praktiker. Enthaltend die vollständige Anleitung zur Darstellung aller Arten von Seifen im Kleinen wie im Fabriksbetriebe mit besonderer Rücksichtnahme auf warme und kalte Verseifung und die Fabrikation von Luxus- u. medic. Seifen. Von Friedrich Wiltner, Seifen-Fabrikant. Mit 31 erläut. Abbild. Vierte Aufl. 17 Bog. 8. Eleg. geh. fl. 65 kr. = 3 Mark.

VI. Band. Die Bierbrauerei und die Malzextract-Fabrikation. Eine Darstellung der in d. verschied. Ländern üblichen Braumethoden z. Bereitung aller Biersorten, sowie der Fabrikation des Malzextractes und der daraus herzustellenden Producte. Von Herm. Rübinger, techn. Brauerei-Leiter. Zweite vermehrte u. verb. Aufl. Mit 33 erläut. Abbild. 31 Bog. 8. Eleg. geh. fl. 30 kr. = 6 Mark.

VII. Band. Die Zündwaaren-Fabrikation. Anleitung zur Fabrikation von Zündhölzchen und Kerzchen, Cigarren-Zünder und Zündlunten, der Fabrikation der Zündwaaren mit Hilfe von amorphem Phosphor und gänzlich phosphorfreier Zündmassen, sowie der Fabrikation des Phosphors. Von Jos. Freitag. Zweite Auflage. Mit 28 erläut. Abbild. 11 Bog. 8. Eleg. geh. 1 fl. 35 kr. = 2 M. 50 Pf.

VIII. Band. Die Beleuchtungsstoffe und deren Fabrikation. Eine Darstellung aller zur Beleuchtung verwendeten Materialien thierischen und pflanzlichen Ursprungs, des Petroleums, des Stearins, der Theeröle und des Paraffins. Enthaltend die Schilderung ihrer Eigenschaften, ihrer Reinigung und praktischen Prüfung in Bezug auf ihre Reinheit und Leuchtkraft, nebst einem Anhange über die Verwerthung der flüssigen Kohlenwasserstoffe zur Lampenbeleuchtung und Gasbeleuchtung im Hause, in Fabriken und öffentlichen Localen. Von Eduard Perl, Chemiker. Mit 10 Abbild. Bog. 8. Eleg. geh. 1 fl. 10 kr. = 2 Mark.

IX. Band. Die Fabrikation der Lacke, Firnisse, Buchdruckerfirnisse und des Siegellackes. Handbuch für Praktiker. Enthaltend die ausführliche Beschreibung zur Darstellung aller flüchtigen (geistigen) und fetten Firnisse, Lacke und Siccative, sowie die vollständige Anleitung zur Fabrikation des Siegellackes und Siegelwachses von den feinsten bis zu den gewöhnlichen Sorten. Leichtfasslich geschildert von Erwin Andres, Lack- und Firniss-Fabrikant. Vierte Auflage. Mit 25 erläuternden Abbild. 16 Bog. 8. Eleg. geh. 1 fl. 65 kr. = 3 Mark.

A. Hartleben's Verlag in Wien, Pest und Leipzig.

A. Hartleben's Chemisch-technische Bibliothek.

X. Band. Die Essigfabrikation. Eine Darstellung der Essigfabrikation nach den ältesten und neueren Verfahrungsweisen, der Schnell-Essigfabrikation, der Bereitung von Eisessig und reiner Essigsäure aus Holzessig, sowie der Fabrikation des Wein-, Trester-, Malz-, Bieressigs und der aromatischen Essigsorten, nebst der praktischen Prüfung des Essigs. Von Dr. Josef Bersch. Dritte, erweiterte und verbesserte Aufl. Mit 17 Abbild. 17 Bog. 8. Eleg. geh. 1 fl. 65 kr. = 3 Mark.

XI. Band. Die Feuerwerkerei oder die Fabrikation der Feuerwerkskörper. Eine Darstellung der gesammten Pyrotechnik, enthaltend die vorzüglichsten Vorschriften zur Anfertigung sämmtlicher Feuerwerksobjecte, als aller Arten von Leuchtfeuern, Sternen, Leuchtkugeln, Raketen, der Luft- und Wasser-Feuerwerke, sowie einen Abriß der für den Feuerwerker wichtigen Grundlehren der Chemie. Von Aug. Eschenbacher. Zweite, sehr vermehrte und verbesserte Auflage. Mit 49 Abbild. 21 Bog. 8. Eleg. geh. 2 fl. 20 kr. = 4 Mark.

XII. Band. Die Meerschaum- und Bernsteinwaaren-Fabrikation. Mit einem Anhange über die Erzeugung hölzerner Pfeifenköpfe. Enthaltend: Die Fabrikation der Pfeifen und Cigarrenspitzen; die Verwerthung der Meerschaum- und Bernstein-Abfälle, Erzeugung von Kunstmeerschaum (Masse oder Massa), künstlichem Elfenbein, künstlicher Schmucksteine auf chemischem Wege; der zweckmäßigsten und nöthigsten Werkzeuge, Geräthschaften, Vorrichtungen und Hilfsstoffe. Ferner die Erzeugung der Oelköpfe gesammter, gesprengter und Jublaer Waare. Endlich die Erzeugung der Holzpfeifen, hierzu dienliche Holzarten, deren Färben, Beizen, Poliren u. dgl. Von G. M. Raufer. Mit 5 Tafeln Abbildungen. 10 Bog. 8. Eleg. geh. 1 fl. 10 kr. = 2 Mark.

XIII. Band. Die Fabrikation der ätherischen Oele. Anleitung zur Darstellung derselben nach den Methoden der Pressung, Destillation, Extraction, Deplacirung, Maceration und Absorption, nebst einer ausführlichen Beschreibung aller bekannten ätherischen Oele in Bezug auf ihre chemischen und physikalischen Eigenschaften und technische Verwendung, sowie der besten Verfahrungsarten zur Prüfung der ätherischen Oele auf ihre Reinheit. Von Dr. chem. George William Atkinson, Verfasser des Werkes: Die Parfumerie-Fabrikation. Zweite verbesserte und vermehrte Aufl. Mit 36 Abbild. 14 Bog. 8. Eleg. geh. 1 fl. 65 kr. = 3 Mark.

XIV. Band. Die Photographie oder die Anfertigung von bildlichen Darstellungen auf künstlichem Wege. Als Lehr- u. Handb. v. prakt. Seite bearb. u. herausgegeben v. Jul. Krüger. Mit 41 Abbild. 37 Bog. 8. Eleg. geh. 4 fl. = 7 M. 20 Pf.

XV. Band. Die Leim- und Gelatine-Fabrikation. Eine auf prakt. Erfahr. begründ. gemeinverständl. Darstell. dieses Industriezw. in s. ganz. Umfange. Von F. Dawidowsky. Dritte Aufl. Mit 27 Abbild. 16 Bog. 8. Eleg. geh. 1 fl. 65 kr. = 3 Mark.

XVI. Band. Die Stärke-Fabrikation und die Fabrikation des Traubenzuckers. Eine populäre Darstellung der Fabrikation aller im Handel vorkommenden Stärkesorten, als der Kartoffel-, Weizen-, Mais-, Reis-, Arrow-root-Stärke, der Tapioca u. s. w.; der Wasch- und Toilettestärke und des künstlichen Sago, sowie der Verwerthung aller bei der Stärkefabrikation sich ergebenden Abfälle, namentlich des Klebers und der Fabrikation des Dextrins, Stärkegummis, Traubenzuckers, Kartoffelmehles und der Zucker-Couleur. Ein Handbuch für Stärke- und Traubenzucker-Fabrikanten, sowie für Oekonomie-Besitzer und Branntweinbrenner. Von Felix Rehwald, Stärke- und Traubenzucker-Fabrikant. Zweite, sehr vermehrte u. verbesserte Aufl. Mit 28 Abbild. 16 Bog. 8. Eleg. geh. 1 fl. 65 kr. = 3 Mark.

XVII. Band. Die Tinten-Fabrikation u. die Herstellung der Hektographen und Hektographirtinten, die Fabrikation der Tusche, der Tintenstifte, der Stempeldruckfarben sowie d. Waschblaues. Ausführl. Darstellung der Anfertigung aller Schreib-, Comptoir-, Copir- u. Hektographirtinten, aller farbigen und sympathetischen Tinten, d. chinesischen Tusche, lithographischen Stifte u. Tinten, unauslöslich. Tinten z. Zeichnen d. Wäsche, d. Hektographirmassen, sw. z. Ausführung v. Schriften a. jedem beliebigen Materiale, b. Bereit. b. besten Waschblaues u. d. Stempeldruckfarben. Nebst e. Anleit. z. Lesbarmachen alter Schriften. Nach eig. Erfahr. dargest. v. Sigmund Lehner, Chem. u. Fabrik. Vierte Aufl. M. erläut. Abb. 19 Bog. 8. Eleg. geh. 1 fl. 65 kr. = 3 Mark.

XVIII. Band. Die Fabrikation der Schmiermittel, der Schuhwichse und Lederschmiere. Darstellung aller bekannten Schmiermittel, als: Wagenschmiere, Maschinenschmiere, der Schmieröle f. Näh- u. andere Arbeitsmaschinen u. der Mineralschmieröle, Uhrmacheröle; ferner, der Schuhwichse, Lederlacke, des Dégras u. Lederschmiere f. alle Gattungen von Leder. Von Rich. Brunner, tech. Chem. Vierte Aufl. Mit 5 erläuternden Abbild. 15 Bog. 8. Eleg. geh. 1 fl. 20 kr. = 2 M. 25 Pf.

XIX. Band. Die Lohgerberei oder die Fabrikation des lohgaren Leders. Ein Handbuch für Leder-Fabrikanten. Enthaltend die ausführliche Darstellung der Fabrikation des lohgaren Leders nach dem gewöhnlichen und Schnellgerbe-Verfahren und der Metallsalz-Gerberei; nebst der Anleitung zur Herstellung aller Gattungen Maschinenriemen-Leder, des Juchten-, Saffian-, Corduan-, Chagrin- und Ladleders, sowie zur Verwerthung der Abfälle, welche sich in Lederfabriken ergeben. Von Ferdinand Wiener, Leder-Fabrikant. Zweite sehr vermehrte und verbesserte Aufl. Mit 48 Abbild. 37 Bog. 8. Eleg. geh. 4 fl. = 7 M. 20 Pf.

A. Hartleben's Verlag in Wien, Pest und Leipzig.

A. Hartleben's Chemisch-technische Bibliothek.

XX. Band. Die Weißgerberei, Sämischgerberei und Pergament-Fabrikation. Ein Handbuch für Leder-Fabrikanten. Enthaltend die ausführliche Darstellung der Fabrikation des weißgaren Leders nach allen Verfahrungsweisen, des Glacéleders, Seifenleders u. s. w.; der Sämischgerberei, der Fabrikation des Pergaments und der Lederfärberei, mit besonderer Berücksichtigung der neuesten Fortschritte auf dem Gebiete der Lederindustrie. Von Ferdinand Wiener, Leder-Fabrikant. Mit 20 Abbild. 27 Bog. 8. Eleg. geh. 2 fl. 75 kr. = 5 Mark.

XXI. Band. Die chemische Bearbeitung der Schafwolle oder das Ganze der Färberei von Wolle und wollenen Gespinnsten. Ein Hilfs- u. Lehrbuch für Färber, Färberei-Techniker, Tuch- u. Garn-Fabrikanten u. Solche, die es werden wollen. Dem heutigen Standpunkte der Wissenschaft entsprechend u. auf Grund eigener langjähr. Erfahrungen im In- und Auslande vorzugsweise praktisch dargestellt. Von Victor Joclét, Färber u. Fabriks-Dirigent. Mit 29 Abb. 17 Bog. 8. Eleg. geh. 2 fl. 75 kr. = 5 Mark.

XXII. Band. Das Gesammtgebiet des Lichtdrucks, die Emailphotographie, und anderweitige Vorschriften zur Umkehrung der negativen und positiven Glasbilder. Bearbeitet von J. Husnik, k. k. Professor in Prag. Dritte Auflage. Mit 38 Abbild. u. 3 Illustrationsbeilagen. 18 Bog. 8. Eleg. geh. 2 fl. 20 kr. = 4 Mark.

XXIII. Band. Die Fabrikation der Conserven und Canditen. Vollständige Darstellung aller Verfahren der Conservirung für Fleisch, Früchte, Gemüse, der Trockenfrüchte, der getrockneten Gemüse, Marmeladen, Fruchtsäfte u. s. w. und der Fabrikation aller Arten von Canditen, als: candirter Früchte, der verschiedenen Bonbons, der Rocks-Drops, der Dragées, Pralinées etc. Von A. Hausner. Zweite, verbesserte und vermehrte Aufl. Mit 27 Abbild. 25 Bog. 8. Eleg. geh. 2 fl. 50 kr. = 4 M. 50 Pf.

XXIV. Band. Die Fabrikation des Surrogatkaffees und des Tafelsenfes. Enthaltend: Die ausführliche Beschreibung der Zubereitung des Kaffees und seiner Bestandtheile; der Darstellung der Kaffee-Surrogate aus allen hierzu verwendeten Materialien und die Fabrikation aller Gattungen Tafelsenfe. Von K. Lehmann. 2. Aufl. Mit 20 Abbild. 10 Bog. 8. Eleg. geh. 1 fl. 10 kr. = 2 Mark.

XXV. Band. Die Kitte und Klebemittel. Ausführliche Anleitung zur Darstellung aller Arten von Kitten und Klebemitteln für Glas, Porzellan, Metalle, Holz, Eisen, Stein, Holz, Wasserleitungs- und Dampfröhren, sowie der Oel-, Harz-, Kautschuk-, Guttapercha-, Casein-, Leim-, Wasserglas-, Glycerin-, Kalk-, Gyps-, Eisen- und Zink-Kitte, des Marine-Leims, der Zahnkitte, Seidelliths und der zu speciellen Zwecken dienenden Kitte und Klebemittel. Von Sigmund Lehner. Vierte, sehr verm. u. verb. Aufl. 10 Bog. 8. Eleg. geh. 1 fl. = 1 M. 80 Pf.

XXVI. Band. Die Fabrikation der Knochenkohle und des Thieröles. Eine Anleitung zur rationellen Darstellung der Knochenkohle oder des Spodiums und der plastischen Kohle, der Verwerthung aller sich hierbei ergebenden Nebenproducte und zur Wiederbelebung der gebrauchten Knochenkohle. Von Wilhelm Friedberg, technischer Chemiker. Mit 13 Abbild. 15 Bog. 8. Eleg. geh. 5 fl. 65 kr. = 3 Mark.

XXVII. Band. Die Verwerthung der Weinrückstände. Praktische Anleitung zur rationellen Verwerthung von Weintrester, Weinhefe (Weinlager, Geläger und Weinstein. Mit einem Anhang: Die Erzeugung von Weinsprit und Cognac aus Wein. Handbuch für Weinproducenten, Weinbauer, Brennerei-Techniker, Fabrikanten chemischer Producte u. Chemiker. Gemeinverständlich dargestellt von Antonio dal Piaz, techn. Chemiker. Zweite Aufl. Mit 23 Abbild. 13 Bog. 8. Eleg. geh. 1 fl. 35 kr. = 2 M. 50 Pf.

XXVIII. Band. Die Alkalien. Darstellung der Fabrikation der gebräuchlichsten Kali- und Natron-Verbindungen, der Soda, Potasche, des Salzes, Salpeters, Glauberfalzes, Wasserglases, Chromkalis, Blutlaugensalzes, Weinsteins, Laugensteins u. s. f., deren Anwendung und Prüfung. Ein Handbuch für Färber, Bleicher, Seifensieder, Fabrikanten von Glas, Zündwaaren, Lauge, Papier, Farben, überhaupt von chemischen Producten, für Apotheker und Droguisten. Von Dr. S. Pick, Fabriksbesitzer. Mit 14 Abbild. 21 Bog. 8. Eleg. geh. 2 fl. 50 kr. = 4 M. 50 Pf.

XXIX. Band. Die Bronzewaaren-Fabrikation. Anleitung zur Fabrikation von Bronzewaaren aller Art, Darstellung ihres Gusses und Behandelns nach demselben, ihrer Färbung und Vergoldung, des Bronzirens überhaupt nach den älteren sowie bis zu den neuesten Verfahrungsweisen. Von Ludwig Müller, Metallwaaren-Fabrikant. Mit 25 Abbild. 16 Bog. 8. Eleg. geh. 1 fl. 65 kr. = 3 Mark.

XXX. Band. Vollständiges Handbuch der Bleichkunst oder theoretische und praktische Anleitung zum Bleichen der Baumwolle, des Flachses, des Hanfes, der Wolle und Seide, sowie der daraus gesponnenen Garne und gewebten oder gewirkten Zeuge. Nebst einem Anhange über zweckmäßiges Bleichen der Hadern, des Papiers, der Wasch- und Badeschwämme, des Strohes und Wachses etc. Nach den neuesten Erfahrungen durchgängig praktisch bearbeitet von Victor Joclét. Mit 30 Abbild. und 2 Tafeln. 24 Bog. 8. Eleg. geh. 2 fl. 75 kr. = 5 Mark.

XXXI. Band. Die Fabrikation von Kunstbutter, Sparbutter und Butterine. Eine Darstellung der Bereitung der Ersatzmittel der echten Butter nach den besten Methoden. Allgemein verständlich geschildert von Victor Lang. Zweite vermehrte Aufl. Mit 14 Abbild. 10 Bog. 8. Eleg. geh. 1 fl. = 1 M. 80 Pf.

A. Hartleben's Verlag in Wien, Pest und Leipzig.

A. Hartleben's Chemisch-technische Bibliothek.

XXXII. Band. Die Natur der Ziegelthone und die Ziegel-Fabrikation der Gegenwart. Handbuch für technische Chemiker, Ziegeltechniker, Bau- und Maschinen-Ingenieure ꝛc. ꝛc. Von Dr. Hermann Zwick. Mit 123 Abbild. und 2 Tafeln. 38 Bog. 8. Eleg. geh. 4 fl. 60 kr. = 8 M. 30 Pf.

XXXIII. Band. Die Fabrikation der Mineral- und Lackfarben. Enthaltend: Die Anleitung zur Darstellung aller künstlichen Maler- und Anstreicherfarben, der Email- und Metallfarben. Ein Handbuch für Fabrikanten, Farbwaarenhändler, Maler und Anstreicher. Dem neuesten Stande der Wissenschaft entsprechend dargestellt von Dr. Josef Bersch. Mit 19 Abbild. 41 Bog. 8. Eleg. geh. 4 fl. 20 kr. = 7 M. 60 Pf.

XXXIV. Band. Die künstlichen Düngemittel. Darstellung der Fabrikation des Knochen-, Horn-, Blut-, Fleisch-Mehls, der Kalidünger, des schwefelsauren Ammoniaks, der verschiedenen Arten Superphosphate, der Poudrette u. s. f., sowie Beschreibung des natürlichen Vorkommens der concentrirten Düngemittel. Ein Handbuch für Fabrikanten künstlicher Düngemittel, Landwirthe, Zucker-Fabrikanten, Gewerbetreibende und Kaufleute. Von Dr. E. Pick, Fabrikant chemischer Producte. Zweite verm. Auflage. Mit 25 Abbild. 18 Bog. 8. Eleg. geh. 1 fl. 80 kr. = 3 M. 25 Pf.

XXXV. Band. Die Zinkogravure oder das Ätzen in Zink zur Herstellung von Druckplatten aller Art, nebst Anleitung zum Ätzen in Kupfer, Messing, Stahl und andere Metalle. Auf Grund eigener praktischer, vieljähriger Erfahrungen bearbeitet und herausgegeben von Julius Krüger. Mit 11 Abbild. und 7 Tafeln. Dritte Auflage. 15 Bog. 8. Eleg. geh. 1 fl. 65 kr. = 3 Mark.

XXXVI. Band. Medicinische Specialitäten. Eine Sammlung aller bis jetzt bekannten und untersuchten medicinischen Geheimmittel mit Angabe ihrer Zusammensetzung nach den bewährtesten Chemikern. Gruppenweise zusammengestellt von C. F. Capaun-Karlowa, Apotheker. Zweite, vielfach vermehrte Auflage. 18 Bog. 8. Eleg. geh. 1 fl. 80 kr. = 3 M. 25 Pf.

XXXVII. Band. Die Colorie der Baumwolle auf Garne und Gewebe mit besonderer Berücksichtigung der Türkischroth-Färberei. Ein Lehr- und Handbuch für Interessenten dieser Branchen. Nach eigenen praktischen Erfahrungen zusammengestellt von Carl Romen Director der Möllersdorfer Färberei, Bleicherei und Appretur. Mit 6 Abbild. 24 Bog. 8. Eleg. geh. 2 fl. 20 kr. = 4 Mark.

XXXVIII. Band. Die Galvanoplastik. Ausführliche praktische Darstellung des galvanoplastischen Verfahrens in allen seinen Einzelheiten. In leichtfaßlicher Weise bearbeitet von Julius Weiß. Dritte Aufl. Mit 48 Abbild. 27 Bog. 8. Eleg. geh. 2 fl. 20 kr. = 4 Mark.

XXXIX. Band. Die Weinbereitung und Kellerwirthschaft. Populäres Handbuch für Weinproducenten, Weinhändler und Kellermeister. Gemeinverständlich dargestellt auf Grundlage der neuesten wissenschaftlichen Forschungen der berühmtesten Oenologen und eigenen langjährigen praktischen Erfahrungen von Antonio dal Piaz. Dritte, neubearbeitete und vermehrte Auflage. Mit 64 Abbild. 25 Bog. 8. Eleg. geh. 2 fl. 20 kr. = 4 Mark.

XL. Band. Die technische Verwerthung des Steinkohlentheers, nebst einem Anhange: Ueber die Darstellung des natürlichen Asphaltitheers und Asphaltmastix oder den Asphaltsteinen und bituminösen Schiefern und Verwerthung der Nebenproducte. Von Dr. Georg Thenius, technischer Chemiker in Wiener-Neustadt. Mit 20 Abbild. 12 Bog. 8. Eleg. geh. 1 fl. 35 kr. = 2 M. 50 Pf.

XLI. Band. Die Fabrikation der Erdfarben. Enthaltend: Die Beschreibung aller natürlich vorkommenden Erdfarben, deren Gewinnung und Zubereitung. Handbuch für Farben-Fabrikanten, Maler, Zimmermaler, Anstreicher und Farbwaaren-Händler. Von Dr. Jos. Bersch. Mit 14 Abb. 15 Bog. 8. Eleg. geh. 1 fl. 65 kr. = 3 Mark.

XLII. Band. Desinfectionsmittel oder Anleitung zur Anwendung der praktischsten und besten Desinfectionsmittel, um Wohnräume, Krankensäle, Stallungen, Transportmittel, Leichenkammern, Schlachtfelder u. s. w. zu desinficiren. Von Wilhelm Heckenast. 13 Bog. 8. Eleg. geh. 1 fl. 10 kr. = 2 Mark.

XLIII. Band. Die Heliographie, oder: Eine Anleitung zur Herstellung druckbarer Metallplatten aller Art, sowohl für Halbtöne als auch für Strich- und Kornmanier, ferner die neuesten Fortschritte im Pigmentdruck und Woodbury-Verfahren (oder Reliefdruck), nebst anderweitigen Vorschriften. Bearbeitet von J. Husnik, k. k. Professor in Prag. Zweite, vollständig neu bearbeitete Auflage. Mit 6 Illustrationen und 5 Tafeln. 14 Bog. 8. Eleg. geh. 2 fl. 50 kr. = 4 M. 50 Pf.

XLIV. Band. Die Fabrikation der Anilinfarbstoffe und aller anderen aus dem Theere darstellbaren Farbstoffe (Phenyl-, Naphthalin-, Anthracen- und Resorcin-Farbstoffe) u. deren Anwendung in der Industrie. Bearbeitet von Dr. Josef Bersch. Mit 15 Abbild. 34 Bog. 8. Eleg. geh. 3 fl. 60 kr. = 6 M. 50 Pf.

XLV. Band. Chemisch-technische Specialitäten und Geheimnisse, mit Angabe ihrer Zusammenstell. nach b. bewährt. Chemikern. Alphab. zusammengest. v. C. F. Capaun-Karlowa, Apoth. Zweite Aufl. 16 Bog. 8. Eleg. geh. 1 fl. 35 kr. = M. 2.50.

A. Hartleben's Verlag in Wien, Pest und Leipzig.

A. Hartleben's Chemisch-technische Bibliothek.

XLVI. Band. Die Woll- und Seidendruckerei in ihrem ganzen Umfange. Ein prakt. Hand- und Lehrbuch für Druck-Fabrikanten, Färber u. techn. Chemiker. Enthaltend: das Drucken der Wollen-, Halbwollen- u. Halbseidenstoffe, der Wollengarne u. seidenen Zeuge. Unter Berücksichtigung d. neuesten Erfind. u. unter Zugrundelegung langj. prakt. Erfahrung. Bearb. v. Vict. Jocléi, techn. Chemiker. Mit 54. Abbild. u. 4 Taf. 37 Bog. 8. Eleg. geh. 3 fl. 60 kr. = 6 M. 50 Pf.

XLVII. Band. Die Fabrikation des Rübenzuckers, enthaltend: Die Erzeugung des Brotzuckers, des Rohzuckers, die Herstellung von Raffinad- und Candiszucker nebst einem Anhange über die Verwerthung der Nachproducte und Abfälle ꝛc. Zum Gebrauche als Lehr- und Handbuch leichtfasslich dargestellt von Richard v. Regner, Chemiker. Mit 21 erläuternden Abbild. 14 Bog. 8. geh. 1 fl. 65 kr. = 3 Mark.

XLVIII. Band. Farbenlehre. Für die praktische Anwendung in den verschied. Gewerben und in der Kunstindustrie, bearb. von Alwin v. Wouwermans. Zweite vermehrte Aufl. Mit 7 Abbildungen. 16 Bog. 8. Eleg. geh. 1 fl. 20 kr. = 2 M. 25 Pf.

IL. Band. Vollständige Anleitung zum Formen und Giessen oder genaue Beschreibung aller in den Künsten und Gewerben dafür angewandten Materialien, als Gyps, Wachs, Schwefel, Leim, Harz, Guttapercha, Thon, Lehm, Sand und deren Behandlung behufs Darstellung von Gypsfiguren, Stuccatur-, Thon-, Cement- und Steingut-Waaren, sowie beim Guss von Statuen, Glocken und den in der Messing-, Zink-, Blei- und Eisengiesserei vorkommenden Gegenständen. Von Eduard Uhlenhuth. Dritte, vermehrte und verbesserte Auflage. Mit 17 Abbild. 12 Bog. 8. Eleg. geh. 1 fl. 10 kr. = 2 Mark.

L. Band. Die Bereitung der Schaumweine. Mit besonderer Berücksichtigung der französischen Champagner-Fabrikation. Genaue Anweisung und Erläuterung der vollständigen rationellen Fabrikationsweise aller moussirenden Weine und Champagner. Mit Benützung des Robinet'schen Werkes, auf Grund eigener praktischer Erfahrungen und wissenschaftlicher Kenntnisse dargestellt und erläutert von A. v. Regner. Mit 28 Abbild. 25 Bog. 8 Eleg. geh. 2 fl. 75 kr. = 5 Mark.

LI. Band. Kalk und Luftmörtel. Auftreten und Natur des Kalksteines, das Brennen desselben und seine Anwendung zu Luftmörtel. Nach dem gegenwärtigen Stande der Theorie und Praxis dargestellt von Dr. Hermann Zwick. Mit 30 Abbild. 15 Bog. 8. Eleg. geh. 1 fl. 65 kr. = 3 Mark.

LII. Band. Die Legirungen. Handbuch für Praktiker. Enthaltend: Die Darstellung sämmtlicher Legirungen, Amalgame und Lothe für die Zwecke aller Metallarbeiter, insbesondere für Erzgiesser, Glockengiesser, Bronzearbeiter, Gürtler, Sporer, Klempner, Gold- und Silberarbeiter, Mechaniker, Techniker u. s. w. Von A. Krupp. Mit 11 Abbild. 28 Bog. 8. Eleg. geh. 2 fl 75 kr. = 5 Mark.

LIII. Band. Unsere Lebensmittel. Eine Anleitung zur Kenntniss der vorzüglichsten Nahrungs- und Genussmittel, deren Vorkommen und Beschaffenheit in gutem und schlechtem Zustande, sowie ihre Verfälschungen und deren Erkennung. Von C. F. Capaun-Karlowa. 10 Bog. 8. Eleg. geh. 1 fl. 10 kr. = 2 Mark.

LIV. Band. Die Photokeramik, das ist die Kunst, photogr. Bilder auf Porzellan, Email, Glas, Metall u. s. w. einzubrennen. Als Lehr- und Handbuch nach eig. Erfahrungen u. mit Benützung der besten Quellen, bearbeitet u. herausgegeben von Jul. Krüger. Zweite Auflage. Mit 21 Abbild. 13 Bog. 8. Eleg. geh. 1 fl. 35 kr. = 2 M. 50 Pf.

LV. Band. Die Harze und ihre Producte. Deren Abstammung, Gewinnung und technische Verwerthung. Nebst einem Anhange: Ueber die Producte der trockenen Destillation des Harzes oder Colophoniums: das Camphin, das schwere Harzöl, das Cohöl u. die Bereitung von Wagenfett u. Maschinenölen ꝛc. aus den schweren Harzölen, sowie die Verwendung derselben zur Leuchtgas-Erzeugung. Ein Handb. für Fabrikanten, Techniker, Chemiker, Droguisten, Apotheker, Wagenfett-Fabrikanten u. Brauer. Nach den neuest. Forschungen u. auf Grund langj. Erfahr. zusammengest. von Dr. G. Thenius, Chemiker in Wiener-Neustadt. Mit 40 Abbild. 16 Bog. 8. Eleg. geh. 1 fl. 80 kr. = 3 M. 25 Pf.

LVI. Band. Die Mineralsäuren. Nebst einem Anhange: Der Chlorkalk und die Ammoniak-Verbindungen. Darstellung der Fabrikation von schwef. Säure, Schwefel-, Salz-, Salpeter-, Kohlen-, Arsen-, Bor-, Phosphor-, Blausäure, Chlorkalk und Ammoniaksalzen, deren Untersuchung und Anwendung. Ein Handbuch für Apotheker, Droguisten, Färber, Bleicher, Fabrikanten von Farben, Zucker, Papier, Düngemittel, chemischen Producten, für Glastechniker u. s. f. Von Dr. S. Pick, Fabriksdirector. Mit 27 Abbild. 26 Bog. 8. Eleg. geh. 2 fl. 75 kr. = 5 Mark.

LVII. Band. Wasser und Eis. Eine Darstellung der Eigenschaften, Anwendung und Reinigung des Wassers für industrielle und häusliche Zwecke und der Aufbewahrung, Benützung und künstlichen Darstellung des Eises. Für Praktiker bearbeitet von Friedrich Ritter. Mit 35 Abbild. 21 Bog. 8. Eleg. geh. 2 fl. 20 kr. = 4 Mark.

LVIII. Band. Hydraulischer Kalk u. Portland-Cement nach Rohmaterialien, physikalischen u. chemischen Eigenschaften, Untersuchung, Fabrikation u. Werthstellung unter besonderer Rücksicht auf den gegenwärtigen Stand der Cement-Industrie. Bearbeitet v. Dr. H. Zwick. Zweite Aufl. Mit 50 Abb. 22 Bog. 8. Eleg. geh. 2 fl. 50 kr. = 4 M. 50 Pf.

A. Hartleben's Verlag in Wien, Pest und Leipzig.

A. Hartleben's Chemisch-technische Bibliothek.

LIX. Band. Die Glasätzerei für Tafel- und Hohlglas, Hell- und Mattätzerei in ihrem ganzen Umfange. Alle bisher bekannten und viele neue Verfahren enthaltend; mit besonderer Berücksichtigung der Monumental-Glasätzerei. Leichtfaßlich dargest. m. genauer Angabe aller erforderlichen Hilfsmittel v. J. B. Miller, Glastechn. Zweite Aufl. Mit 18 Abbild. 9 Bog. 8. Eleg. geb. 1 fl. = 1 M. 80 Pf.

LX. Band. Die explosiven Stoffe, ihre Geschichte, Fabrikation, Eigenschaften, Prüfung und praktische Anwendung in der Sprengtechnik. Mit einem Anhange, enthaltend: Die Hilfsmittel der submarinen Sprengtechnik (Torpedos und Seeminen). Bearbeitet nach den neuesten wissenschaftlichen Erfahrungen von Dr. Fr. Böckmann, techn. Chemiker. Mit 31 Abbild. 28 Bog. 8. Eleg. geb. 2 fl. 75 kr. = 5 Mark.

LXI. Band. Handbuch der rationellen Verwerthung, Wiedergewinnung und Verarbeitung von Abfallstoffen jeder Art. Von Dr. Theodor Koller. Mit 22 Abbild. 21 Bog. 8. Eleg. geb. 2 fl. 20 kr. = 4 Mark.

LXII. Band. Kautschuk und Guttapercha. Eine Darstellung der Eigenschaften und der Verarbeitung des Kautschuks und der Guttapercha auf fabriksmäßigem Wege, der Fabrikation des vulcanisirten und gehärteten Kautschuks, der Kautschuk- und Guttapercha-Composition n, der wasserdichten Stoffe, elastischen Gewebe u. s. w. Für die Praxis bearbeitet von Raimund Hoffer. Zweite vermehrte und verbesserte Aufl. Mit 15 Abbild. 17 Bog. 8. Eleg. geb. 1 fl. 80 kr. = 3 M. 25 Pf.

LXIII. Band. Die Kunst- und Feinwäscherei in ihrem ganzen Umfange. Enthaltend: Die chemische Wäsche, Fleckenreinigungskunst, Kunstwäscherei, Hauswäscherei, die Strohhut-Bleicherei u. -Färberei, Handschuh-Wäscherei und -Färberei zc. Von Victor Joclet. Zweite Auflage. Mit 18 Abbild. 12 Bog. 8. Eleg. geb. 1 fl. = 1 M. 80 Pf.

LXIV. Band. Grundzüge der Chemie in ihrer Anwendung auf das praktische Leben. Für Gewerbetreibende und Industrielle im Allgemeinen, sowie für jeden Gebildeten. Bearbeitet von Dr. Willibald Artus, Professor in Jena. Mit 24 Abbild. 34 Bog. 8. Eleg. geb. 3 fl. 30 kr. = 6 Mark.

LXV. Band. Die Fabrikation der Emaille und das Emailliren. Anleitung zur Darstellung aller Arten Emaille für technische und künstlerische Zwecke und zur Vornahme des Emaillirens auf praktischem Wege. Für Emaillefabrikanten, Gold- und Metallarbeiter und Kunstindustrielle. Von Paul Randau, technischer Chemiker. Zweite Aufl. Mit 8 Abbild. 17 Bog. 8. Eleg. geb. 1 fl. 65 kr. = 3 Mark.

LXVI. Band. Die Glas-Fabrikation. Eine übersichtliche Darstellung der gesammten Glasindustrie mit vollständiger Anleitung zur Herstellung aller Sorten von Glas und Glaswaaren. Zum Gebrauche für Glasfabrikanten und Gewerbetreibende aller verwandten Branchen auf Grund praktischer Erfahrungen und der neuesten Fortschritte bearbeitet von Raimund Gerner, Glasfabrikant. Mit 50 Abbild. 23 Bog. 8. Eleg. geb. 2 fl. 50 kr. = 4 M. 50 Pf.

LXVII. Band. Das Holz und seine Destillations-Producte. Ueber die Abstammung und das Vorkommen der verschiedenen Hölzer. Ueber Holz, Holzschleifstoff, Holzcellulose, Holzimprägnirung u. Holzconservirung, Meiler- und Retorten-Verkohlung, Holzessig u. seine techn. Verarbeitung, Holztheer u. seine Destillationsproducte, Holztheerpech u. Holzkohlen nebst einem Anhange: Ueber Gaserzeugung aus Holz. Ein Handbuch f. Waldbesitzer, Forstbeamte, Lehrer, Chem., Techn. u. Ingenieure, nach den neuesten Erfahrungen praktisch u. wissensch. bearbeitet v. Dr. Georg Thenius, techn. Chemiker in Wiener-Neustadt. Mit 32 Abbild. 34 Bog. 8. Eleg. geb. 2 fl. 50 kr. = 4 M. 50 Pf.

LXVIII. Band. Die Marmorirkunst. Ein Lehr-, Hand- u. Musterbuch f. Buchbindereien, Buntpapierfabriken u. verwandte Geschäfte. Von J. Ph. Boeck. Mit 30 Marmorpapier-Mustern u. 6 Abbild. 8 Bog. 8. Eleg. reh. 1 fl. = 1 M. 80 Pf.

LXIX. Band. Die Fabrikation des Wachstuches, des amerikanischen Ledertuches, des Wachs-Taffets, der Maler- und Zeichen-Leinwand, sowie die Fabrikation des Theertuches, der Dachpappe und die Darstellung des unverbrennlichen und gegerbten Gewebes. Den Bedürfnissen der Praktiker entsprechend. Von Rudolf Eßlinger, Fabrikant. Mit 11 Abbild. 13 Bog. 8. Eleg. geb. 1 fl. 35 kr. = 2 M. 50 Pf.

LXX. Band. Das Celluloid, seine Rohmaterialien, Fabrikation, Eigenschaften und technische Verwendung. Für Celluloid- und Celluloidwaaren-Fabrikanten, für alle Celluloid verarbeitenden Gewerbe, Zahnärzte u. Zahntechniker. Von Dr. Fr. Böckmann, techn. Chem. Mit 8 Abbild. 7 Bog. 8. Eleg. geb. 1 fl. = 1 M. 80 Pf.

LXXI. Band. Das Ultramarin und seine Bereitung nach dem jetzigen Stande dieser Industrie. Von C. Fürstenau. Mit 25 Abbild. 7 Bog. 8. Eleg. geb. 1 fl. = 1 M. 80 Pf.

LXXII. Band. Petroleum und Erdwachs. Darstellung der Gewinnung von Erdöl und Erdwachs (Cerezin), deren Verarbeitung auf Leuchtöle und Paraffin, sowie aller anderen aus denselben zu gewinnenden Producte, mit einem Anhang, betreffend die Fabrikation von Photogen, Solaröl und Paraffin aus Braunkohlentheer. Mit besonderer Rücksichtnahme auf die aus Petroleum dargestellten Leuchtöle, deren Aufbewahrung und technische Prüfung. Von Arthur Burgmann, Chemiker. Mit 12 Abbild. 16 Bog. 8. Eleg. geb. 1 fl. 80 kr. = 3 M. 5 Pf.

LXXIII. Band. Das Löthen und die Bearbeitung der Metalle. Eine Darstellung aller Arten von Loth, Löthmitteln und Löthapparaten, sowie der Behandlung der Metalle während der Bearbeitung. Handbuch für Praktiker. Nach eignen Erfahrungen bearb. von Edmund Schlosser. Zweite sehr verm. u. erweiterte Aufl. Mit 25 Abbild. 18 Bog. 8. Eleg. geb. 1 fl. 65 kr. = 3 Mark.

LXXIV. Band. Die Gasbeleuchtung im Haus und die Selbsthilfe des Gas-Consumenten. Praktische Anleitung zur Herstellung zweckmäßiger Gasbeleuchtungen, mit Angabe der Mittel, eine möglichst große Gasersparniß zu erzielen. Von A. Müller. Mit 84 Abbild. 11 Bog. 8. Eleg. geb. 1 fl. 10 kr. = 2 Mark.

A. Hartleben's Verlag in Wien, Pest und Leipzig.

A. Hartleben's Chemisch-technische Bibliothek.

LXXV. Band. Die Untersuchung der im Handel und Gewerbe gebräuchlichsten Stoffe (einschließlich der Nahrungsmittel). Gemeinverständlich dargestellt von Dr. S. Pick. Ein Handbuch für Handel- und Gewerbetreibende jeder Art, für Apotheker, Photographen, Landwirthe, Medicinal- und Zollbeamte. Mit 16 Abbild. 14 Bog. 8. Eleg. geh. 2 fl. 50 kr. = 4 M. 50 Pf.

LXXVI. Band. Das Verzinnen, Verzinken, Vernickeln, Verstählen und das Ueberziehen von Metallen mit anderen Metallen überhaupt. Eine Darstellung praktischer Methoden zur Anfertigung aller Metallüberzüge aus Zinn, Zink, Blei, Kupfer, Silber, Gold, Platin, Nickel, Kobalt und Stahl, sowie der Patina, der oxydirten Metalle und der Bronzirungen. Handbuch für Metallarbeiter und Kunstindustrielle. Von Friedrich Hartmann. Dritte verbesserte Aufl. Mit 3 Abbild. 17 Bog. 8. Eleg. geh. 1 fl. 65 kr. = 3 Mark.

LXXVII. Band. Kurzgefaßte Chemie der Rübensaft-Reinigung. Zum Gebrauche für praktische Zucker-Fabrikanten. Von W. Sykora und F. Schiller. 19 Bog. 8. Eleg. geh. 1 fl. 80 kr. = 3 M. 25 Pf.

LXXVIII. Band. Die Mineral-Malerei. Neues Verfahren zur Herstellung witterungsbeständiger Wandgemälde. Technisch-wissenschaftliche Anleitung von A. Keim. 6 Bog. 8. Eleg. geh. 1 fl. = 1 M. 80 Pf.

LXXIX. Band. Die Chocolade-Fabrikation. Eine Darstellung der verschiedenen Verfahren zur Anfertigung aller Sorten Chocoladen, der hierbei in Anwendung kommenden Materialien u. Maschinen. Nach d. neuesten Stande der Techn. geschildert v. Ernst Saldau. Mit 34 Abbild. 16 Bog. 8. Eleg. geh. 1 fl. 80 kr. = 3 M. 25 Pf.

LXXX. Band. Die Briquette-Industrie und die Brennmaterialien. Mit einem Anhange: Die Anlage der Dampfkessel und Gasgeneratoren mit besonderer Berücksichtigung der rauchfreien Verbrennung. Von Dr. Friedrich Jünemann, technischer Chemiker. Mit 48 Abbild. 26 Bog. 8. Eleg. geh. 2 fl. 75 kr. = 5 Mark.

LXXXI. Band. Die Darstellung des Eisens und der Eisenfabrikate. Handbuch für Hüttenleute und sonstige Eisenarbeiter, für Techniker, Händler mit Eisen und Metallwaaren, für Gewerbe- und Fachschulen etc. Von Eduard Japing. Mit 73 Abbild. 17 Bog. 8. Eleg. geh. 1 fl. 80 kr. = 3 M. 25 Pf.

LXXXII. Band. Die Lederfärberei und die Fabrikation des Lackleders. Ein Handbuch für Lederfärber und Lackirer. Anleitung zur Herstellung aller Arten von färbigem Glacéleder nach dem Anstreich- und Tauchverfahren, sowie mit Hilfe der Theerfarben, zum Färben von schwedischem, sämischgarem und lohgaren Leder, zur Saffian-, Corduan-, Chagrinfärberei etc. und zur Fabrikation von schwarzem und färbigem Lackleder. Von Ferdinand Wiener, Leder-Fabrikant. Mit 15 Abbild. 15 Bog. 8. Eleg. geh. 1 fl. 65 kr. = 3 Mark.

LXXXIII. Band. Die Fette und Oele. Darstellung der Gewinnung und der Eigenschaften aller Fette, Oele und Wachsarten, der Fett- und Oelraffinerie und der Kerzenfabrikation. Nach dem neuesten Stande der Technik leichtfaßlich geschildert von Friedrich Thalmann. Zweite, sehr vermehrte und verbesserte Aufl. Mit 41 Abbild. 17 Bog. 8. Eleg. geh. 1 fl. 65 kr. = 3 Mark.

LXXXIV. Band. Die Fabrikation der moussirenden Getränke. Praktische Anleitung zur Fabrikation aller moussirenden Wässer, Limonaden, Weine etc. und gründliche Beschreibung der hierzu nöthigen Apparate. Von Oskar Meiz. Neu bearbeitet von Dr. E. Lubmann, Chemiker und Fabriksdirector. Zweite Aufl. Mit 24 Abbild. 12 Bog. 8. Eleg. geh. 1 fl. 10 kr. = 2 Mark.

LXXXV. Band. Gold, Silber und Edelsteine. Handbuch für Gold-, Silber-, Bronzearbeiter und Juweliere. Vollständige Anleitung zur technischen Bearbeitung der Edelmetalle, enthaltend das Legiren, Gießen, Bearbeiten, Emailliren, Färben und Oxydiren, das Vergolden, Incrustiren und Schmücken der Gold- und Silberwaaren mit Edelsteinen und die Fabrikation des Imitationsschmuckes. Von Alexander Wagner. Mit 14 Abbild. 17 Bog. 8. Eleg. geh. Preis 1 fl. 80 kr. = 3 M. 25 Pf.

LXXXVI. Band. Die Fabrikation der Aether und Grundessenzen. Die Aether, Fruchtäther, Fruchtessenzen, Fruchtextracte, Fruchtsyrupe, Tincturen zum Färben und Klärungsmittel. Nach den neuesten Erfahrungen bearbeitet von Dr. Th. Horatius. Mit 14 Abbild. 18 Bog. 8. Eleg. geh. 1 fl. 80 kr. = 3 M. 25 Pf.

LXXXVII. Band. Die technischen Vollendungs-Arbeiten der Holz-Industrie, das Schleifen, Beizen, Poliren, Lackiren, Anstreichen und Vergolden des Holzes, nebst der Darstellung der hierzu verwendbaren Materialien in ihren Hauptgrundzügen. Von L. E. Andés. Zweite vollständig umgearbeitete und verbesserte Auflage. Mit 33 Abbild. 18 Bog. 8. Eleg. geh. 1 fl. 35 kr. = 2 M. 50 Pf.

LXXXVIII. Band. Die Fabrikation von Albumin und Eierconserven. Eine Darstellung der Eigenschaften der Eiweißkörper und der Fabrikation von Eier- und Blutalbumin, des Patent- und Naturalbumins, der Eier- und Dotter-Conserven und der zur Conservirung frischer Eier dienenden Verfahren. Von Karl Ruprecht. Mit 13 Abbild. 11 Bog. 8. Eleg. geh. 1 fl. 20 kr. = 2 M. 25 Pf.

LXXXIX. Band. Die Feuchtigkeit der Wohngebäude, der Mauerfraß und Holzschwamm, nach Ursache, Wesen und Wirkung betrachtet und die Mittel zur Verhütung sowie zur sicheren und nachhaltigen Beseitigung dieser Uebel unter besonderer Hervorhebung eines neuen und praktisch bewährten Verfahrens zur Trockenlegung feuchter Wände und Wohnungen. Für Baumeister, Bautechniker, Gutsverwalter, Tüncher, Maler und Hausbesitzer. Von A. Keim, technischer Director in München. Mit 14 Abbild. 8 Bog. 8. Eleg. geh. 1 fl. 35 kr. = 2 M. 50 Pf.

A. Hartleben's Verlag in Wien, Pest und Leipzig.

A. Hartleben's Chemisch-technische Bibliothek.

XC. Band. Die Verzierung der Gläser durch den Sandstrahl. Vollständige Unterweisung zur Mattverzierung von Tafel- und Hohlglas mit besonderer Berücksichtigung der Beleuchtungsartikel. Viele neue Verfahren: Das Lasiren der Gläser. Die Mattdecoration von Porzellan und Steingut. Das Mattiren und Verzieren der Metalle. Nebst einem Anhange: Die Sandblas-Maschinen. Von J. B. Miller, Glastechn. Mit 8 Abbild. 11 Bog. 8. Eleg. geb. 1 fl. 35 kr. = 2 M. 50 Pf.

XCI. Band. Die Fabrikation des Alauns, der schwefelsauren und essigsauren Thonerde, des Bleiweißes und Bleizuckers. Von Friedrich Jünemann, technischer Chemiker. Mit 9 Abbild. 13 Bog. 8. Eleg. geb. 1 fl. 35 kr. = 2 M. 50 Pf.

XCII. Band. Die Tapete, ihre ästhetische Bedeutung und technische Darstellung, sowie kurze Beschreibung der Buntpapier-Fabrikation. Zum Gebrauche für Musterzeichner, Tapeten- und Buntpapier-Fabrikanten. Von Th. Seemann. Mit 42 Abbild. 16 Bog. 8. Eleg. geb. 2 fl. 20 kr. = 4 Mark.

XCIII. Band. Die Glas-, Porzellan- und Email-Malerei in ihrem ganzen Umfange. Ausführliche Anleitung zur Anfertigung sämmtlicher bis jetzt zur Glas-, Porzellan-, Email-, Fayence- und Steingut-Malerei gebräuchlichen Farben und Flüsse, nebst vollständiger Darstellung des Brennens dieser verschiedenen Stoffe. Unter Zugrundelegung der neuesten Erfindungen und auf Grund eigener in Sèvres und anderen großen Malereien und Fabriken erworbenen Kenntnisse bearb. und herausg. von Felix Hermann. Mit 10 Abbild. 19 Bog. 8. Eleg. geb. 2 fl. 20 kr. = 4 Mark.

XCIV. Band. Die Conservirungsmittel. Ihre Anwendung in den Gährungsgewerben und zur Aufbewahrung von Nahrungsstoffen. Eine Darstellung der Eigenschaften der Conservirungsmittel und deren Anwendung in der Bierbrauerei, Weinbreitung, Essig- und Preßhefe-Fabrikation etc. Von Dr. Josef Bersch. Mit 8 Abbild. 13 Bog. 8. Eleg. geb. 1 fl. 35 kr. = 2 M. 50 Pf.

XCV. Band. Die elektrische Beleuchtung und ihre Anwendung in der Praxis. Verfaßt von Dr. Alfred v. Urbanitzky. Zweite Aufl. Mit 169 Abbild. 20 Bog. 8. Eleg. geb. 2 fl. 20 kr. = 4 Mark.

XCVI. Band. Preßhefe, Kunsthefe und Backpulver. Ausführliche Anleitung zur Darstellung von Preßhefe nach allen benannten Methoden, zur Bereitung der Kunsthefe und der verschiedenen Arten von Backpulver. Praktisch geschildert von Adolf Wilfert. Zweite Aufl. Mit 18 Abbild. 17 Bog. 8. Eleg. geb. 1 fl. 10 kr. = 2 Mark.

XCVII. Band. Der praktische Eisen- und Eisenwaarenkenner. Kaufmännisch-technische Eisenwaarenkunde. Ein Handbuch für Händler mit Eisen- und Stahlwaaren, Fabrikanten, Ex- und Importeure, Agenten für Eisenbahn- und Baubehörden, Handels- und Gewerbeschulen etc. Von Eduard Japing, dipl. Ingenieur und Redacteur, früher Eisenwerks-Director. Mit 98 Abbild. 37 Bog. 8. Eleg. geb. 3 fl. 30 kr. = 6 Mark.

XCVIII. Band. Die Keramik oder Die Fabrikation von Töpfer-Geschirr, Steingut, Fayence, Steinzeug, Terralith, sowie von französischem, englischem und Hartporzellan. Anleitung für Praktiker zur Darstellung aller Arten keramischer Waaren nach deutschem, französischem u. englischem Verfahren. Von Ludwig Wipplinger. Mit 45 Abbild. 24 Bog. 8. Eleg. geb. 2 fl. 50 kr. = 4 M. 50 Pf.

IC. Band. Das Glycerin. Seine Darst., seine Verbind. u. Anwendung in den Gewerben, in der Seifen-Fabrik., Parfumerie u. Sprengtechnik. Für Chem., Parfumeure, Seifen-Fabrik., Apotheker, Sprengtech. u. Industrielle geschildert von S. W. Koppe. Mit 20 Abbild. 13 Bogen. 8. Eleg. geb. 1 fl. 35 kr. = 2 M. 50 Pf.

C. Band. Handbuch der Chemigraphie, Hochätzung in Zink für Buchdruck mittelst Umdruck von Autographien und Photogrammen und directer Copirung od. Radirung d. Bildes a. D. Platte (Photo-Chemigraphie u. Chalco-Chemigraphie). Von W. F. Toifel. Mit 14 Abbild. 17 Bg. 8. Eleg. geb. 1 fl. 80 kr. = 3 M. 25 Pf.

CI. Band. Die Imitationen. Eine Anleitung zur Nachahmung von Natur- und Kunstproducten als: Elfenbein, Schildpatt, Perlen und Perlmutter, Korallen, Bernstein, Horn, Hirschhorn, Fischbein, Alabaster etc., sowie zur Anfertigung von Kunst-Steinmassen, Nachbildungen von Holzschnitzereien, Bildh.-Arbeiten, Mosaiken Intarsien, Leder, Seide u. s. w. Für Gewerbetr. u. Künstler. Von Sigmund Lehner. Zweite, sehr verbesserte Aufl. Mit 10 Abbild. 17 Bog. 8. Eleg. geb. 1 fl. 80 kr. = 3 M. 25 Pf.

CII. Band. Die Fabrikation der Copal-, Terpentinöl- und Spiritus-Lacke. Von L. E. Andés. Mit 38 Abbild. 28 Bog. 8. Eleg. geb. 3 fl. = 5 M. 40 Pf.

CIII. Band. Kupfer und Messing, sowie alle technisch wichtigen Kupferlegirungen, ihre Darstellungsmeth., Eigenschaften und Weiterverarbeitg. zu Handelswaaren. Von Ed. Japing. Mit 41 Abbild. 14 Bg. 8. Eleg. geb. 1 fl. 65 kr. = 3 Mark.

CIV. Band. Die Bereitung der Brennerei-Kunsthefe. Auf Grundlage vieljähriger Erfahrungen geschildert von Josef Reis, Brennerei-Director. 4 Bog. 8. Eleg. geb. 80 kr. = 1 M. 50 Pf.

CV. Band. Die Verwerthung des Holzes auf chemischem Wege. Eine Darstellung der Verfahren zur Gewinnung der Destillationsproducte des Holzes, der Essigsäure, des Holzgeistes, des Theeröle und der Theeröle, des Creosotes, des Rußes, des Röstholzes und der Kohlen. Die Fabrikation von Oxalsäure, Alkohol und Cellulose, der Gerb- und Farbstoff-Extracte aus Rinden und Hölzern, der ätherischen Oele und Harze. Für Praktiker geschildert von Dr. Josef Bersch. Zweite, sehr vermehrte Auflage. Mit 68 Abbild. 23 Bog. 8. Eleg. geb. 2 fl. 50 kr. = 4 M. 50 Pf.

CVI. Band. Die Fabrikation der Dachpappe und der Anstrichmasse für Pappdächer in Verbindung mit der Theer-Destillation nebst Anfertigung aller Arten von Pappbedachungen und Asphaltirungen. Ein Handbuch für Dachpappe-Fabrikanten, Baubeamte, Bau-Techniker, Dachdecker und Chemiker. Von Dr. E. Luhmann, techn. Chemiker. Mit 47 Abbild. 16 Bog. 8. Eleg. geb. 1 fl. 80 kr. = 3 M. 25 Pf.

A. Hartleben's Verlag in Wien, Pest und Leipzig.

A. Hartleben's Chemisch-technische Bibliothek.

CVII. Band. Anleitung zur chemischen Untersuchung und rationellen Beurtheilung der landwirthschaftlich wichtigsten Stoffe. Ein den praktischen Bedürfnissen angepaßtes analytisches Handbuch für Landwirthe, Fabrikanten künstlicher Düngemittel, Chemiker, Lehrer der Agriculturchemie und Studirende höherer landwirthschaftlicher Lehranstalten. Nach dem neuesten Stande der Praxis verfaßt von Robert Heinze. Mit 15 Abbild. 19 Bog. 8. Eleg. geb. 1 fl. 80 kr. = 3 M. 25 Pf.

CVIII. Band. Das Lichtpausverfahren in theoretischer u. praktischer Beziehung. Von H. Schuberth. Zweite Aufl. Mit 7 Abbild. 10 Bg. 8. Eleg. geb. 80 kr. = 1 M. 50 Pf.

CIX. Band. Zink, Zinn und Blei. Eine ausführliche Darstellung der Eigenschaften dieser Metalle, ihrer Legirungen unter einander und mit anderen Metallen, sowie ihrer Verarbeitung auf physikalischem Wege. Für Metallarbeiter und Kunst-Industrielle geschildert von Karl Richter. Mit 8 Abbild. 18 Bog. 8. Eleg. geb. 1 fl. 80 kr. = 3 M. 25 Pf.

CX. Band. Die Verwerthung der Knochen auf chemischem Wege. Eine Darstellung der Verarbeitung von Knochen auf alle aus denselben gewinnbaren Producte, insbesondere von Fett, Leim, Düngemitteln und Phosphor. Von Wilhelm Friedberg. Mit 20 Abbild. 20 Bog. 8. Eleg. geb. 2 fl. 20 kr. = 4 Mark.

CXI. Band. Die Fabrikation der wichtigsten Antimon-Präparate. Mit besonderer Berücksichtigung des Brechweinsteines und Goldschwefels. Von Julius Dehme. Mit 27 Abbild. 9 Bog. 8. Eleg. geb. 1 fl. 10 kr. = 2 Mark.

CXII. Band. Handbuch der Photographie der Neuzeit. Mit besonderer Berücksichtigung des Bromsilber-Gelatine-Emulsions-Verfahrens. Von Julius Krüger. Mit 61 Abbild. 21 Bog. 8. Eleg. geb. 2 fl. 20 kr. = 4 Mark.

CXIII. Band. Draht und Drahtwaaren. Praktisches Hilfs- und Handbuch für die gesammte Drahtindustrie, Eisen- und Metallwaarenhändler, Gewerbe- und Fachschulen. Mit besonderer Rücksicht auf die Anforderungen der Elektrotechnik. Von Eduard Japing, Ingenieur und Redacteur. Mit 119 Abbild. 29 Bog. 8. Eleg. geb. 3 fl. 60 kr. = 6 M. 50 Pf.

CXIV. Band. Die Fabrikation der Toilette-Seifen. Praktische Anleitung zur Darstellung aller Arten von Toilette-Seifen auf kaltem und warmem Wege, der Glycerin-Seife, der Seifenkugeln, der Schaumseifen und der Seifen-Specialitäten. Mit Rücksicht auf die hierbei in Anwendung kommenden Maschinen und Apparate geschildert von Friedrich Wiltner, Seifenfabrikant. Mit 39 Abbild. 21 Bog. 8. Eleg. geb. 2 fl. 20 kr. = 4 Mark.

CXV. Band. Praktisches Handbuch für Anstreicher und Lackirer. Anleitung zur Ausführung aller Anstreicher-, Lackirer-, Vergolder- und Schriftenmaler-Arbeiten, nebst eingehender Darstell. aller verwend. Rohstoffe u. Utensilien von L. E. Andés. Zweite, vollständig umgearbeitete Aufl. Mit 50 Abbild. 22 Bog. 8. Eleg. geb. 1 fl. 80 kr. = 3 M. 25 Pf.

CXVI. Band. Die praktische Anwendung der Theerfarben in der Industrie. Praktische Anleitung zur rationellen Darstellung der Anilin-, Phenyl-, Naphthalin- und Anthracen-Farben in der Färberei, Druckerei, Buntpapier-, Tinten- und Zündwaaren-Fabrikation. Praktisch dargestellt von F. J. Hödl, Chemiker. Mit 20 Abbild. 12 Bog. 8. Eleg. geb. 1 fl. 35 kr. = 2 M. 50 Pf.

CXVII. Band. Die Verarbeitung des Hornes, Elfenbeins, Schildpatts, der Knochen und der Perlmutter. Abstammung und Eigenschaften dieser Rohstoffe, ihre Zubereitung, Färbung u. Verwendung in der Drechslerei, Kamm- und Knopffabrikation, sowie in anderen Gewerben. Ein Handbuch für Horn- u. Bein-Arbeiter, Kammmacher, Knopffabrikanten, Drechsler, Spielwaaren-Fabrikanten rc. rc. Von Louis Edgar Andés. Mit 32 Abbild. 15 Bog. 8. Geh. 1 fl. 65 kr. = 3 Mark.

CXVIII. Band. Die Kartoffel- und Getreidebrennerei. Handbuch für Spiritusfabrikanten, Brennereileiter, Landwirthe und Techniker. Enthaltend: Die praktische Anleitung zur Darstellung von Spiritus aus Kartoffeln, Getreide, Mais und Reis, nach den älteren Methoden und nach dem Hochdruckverfahren. Dem neuesten Standpunkte der Wissenschaft und Praxis gemäß populär geschildert von Adolf Wilfert. Mit 88 Abbild. 29 Bog. 8. Eleg. geb. 3 fl. = 5 M. 40 Pf.

CXIX. Band. Die Reproductions-Photographie sowohl für Halbton als Strichmanier nebst den bewährtesten Copirprocessen zur Uebertragung photographischer Glasbilder aller Art auf Zink und Stein. Von J. Husnik, k. k. Prof. am I. Staats-Realgymn. in Prag, Ehrenmitglied der Photogr. Vereine zu Berlin und Prag rc. Mit 34 Abbild. u. 7 Tafeln. 13 Bogen. 8. Eleg. geb. 1 fl. 80 kr. = 3 M. 25 Pf.

CXX. Band. Die Beizen, ihre Darstellung, Prüfung und Anwendung. Für den prakt. Färber und Zeugdrucker bearb. von H. Wolff, Lehrer der Chemie am Zürcherisch. Technikum in Winterthur. 13 Bog. 8. Eleg. geb. 1 fl. 65 kr. = 3 Mark.

CXXI. Band. Die Fabrikation des Aluminiums und der Alkalimetalle. Von Dr. Stanislaus Mierzinski. Mit 27 Abbild. 9 Bog. 8. Eleg. geb. 1 fl. 10 kr. = 2 Mark.

CXXII. Band. Die Technik der Reproduction von Militär-Karten und Plänen nebst ihrer Vervielfältigung, mit besonderer Berücksichtigung jener Verfahren, welche im k. k. militärgeographischen Institute zu Wien ausgeübt werden. Von Ottomar Vollmer, k. k. Oberstlieutenant der Artillerie und Vorstand der technischen Gruppe im k. k. militär-geographischen Institute. Mit 57 Abbild. im Texte und einer Tafel. 21 Bog. 8. Eleg. geb. 2 fl. 50 kr. = 4 M. 50 Pf.

CXXIII. Band. Die Kohlensäure. Eine ausführliche Darstellung der Eigenschaften, des Vorkommens, der Herstellung und technischen Verwendung dieser Substanz. Ein Handbuch für Chemiker, Apotheker, Fabrikanten künstlicher Mineralwässer, Bierbrauer und Gastwirthe. Von Dr. F. Lubmann, Chemiker. Mit 47 Abbild. 16 Bog. 8. Eleg. geb. 2 fl. 20 kr. = 4 Mark.

A. Hartleben's Verlag in Wien, Pest und Leipzig.

A. Hartleben's Chemisch-technische Bibliothek.

CXXIV. Band. Die Fabrikation der Siegel- und Flaschenlacke. Enthaltend die Anleitung zur Erzeugung von Siegel- und Flaschenlacken, die eingehende Darstellung der Rohmaterialien, Utensilien und maschinellen Vorrichtungen. Mit einem Anhange: Die Fabrikat. d. Brauer-, Wachs-, Schuhmacher- u. Bürstenpeches. Von Louis Edgar Andés. Mit 21 Abbild. 15 Bog. 8. Eleg. geh. 1 fl. 65 kr. = 3 Mark.

CXXV. Band. Die Teigwaaren-Fabrikation. Mit einem Anhange: Die Panier- und Mutschelmehl-Fabrikation. Eine auf praktische Erfahrung begründete, gemeinverständliche Darstellung der Fabrikation aller Arten Teigwaaren, sowie des Panier- und Mutschelmehles mittelst Maschinenbetriebes, nebst einer Schilderung sämmtlicher Maschinen und der verschiedenen Rohproducte. Mit Beschreibung und Plan einer Teigwaaren-Fabrik. Leichtfaßlich geschildert von Friedrich Oertel, Teigwaaren-Fabrikant (Jury-Mitglied der bayrischen Landesausstellung 1882, Gruppe Nahrungsmittel), Mitarbeiter der allgemeinen Bäcker- und Conditor-Zeitung in Stuttgart. Mit 43 Abbild. 11 Bog. 8. Eleg. geh. 1 fl. 35 kr. = 2 M. 50 Pf.

CXXVI. Band. Praktische Anleitung zur Schriftmalerei mit besonderer Berücksichtigung der Construction und Berechnung von Schriften für bestimmte Flächen, sowie der Herstellung von Glas-Glanzvergoldung und Versilberung für Glasfirmentafeln 2c. Nach eigenen praktischen Erfahrungen bearbeitet von Robert Hagen. Mit 18 Abbild. 7 Bog. 8. Eleg. geh. 1 fl. = 1 M. 80 Pf.

CXXVII. Band. Die Meiler- und Retorten-Verkohlung. Die liegenden und stehenden Meiler. Die gemauerten Holzverkohlungs-Oefen und die Retorten-Verkohlung. Ueber Kiefer-, Kien- und Buchenholztheer-Erzeugung, sowie Birkentheer-Gewinnung. Die technisch-chemische Bearbeitung der Nebenproducte der Holzverkohlung, wie Holzessig, Holzgeist und Holztheer. Die Rothsalz-Fabrikation, das schwarze und graue Rothsalz. Die Holzgeist-Erzeugung und die Verarbeitung des Holztheers auf leichte und schwere Holztheeröle, sowie die Erzeugung des Holztheerparaffins und Verwerthung des Holztheerpeches. Nebst einem Anhang: Ueber die Rußfabrikation aus harz. Hölzern, Harzen, harz. Abfällen und Holztheerölen. Ein Handbuch f. Herrschaftsbesitzer, Forstbeamte, Fabrikanten, Chemiker, Techniker u. Praktikanten. Nach den neuest. Erfahrung. prakt. u. wissenschaftl. bearb. von Dr. Georg Thenius, Chemiker u. Techniker in Wr.-Neustadt Mit 80 Abbild. 22 Bog. 8. Eleg. geb. 2 fl. 50 kr. = 4 M. 50 Pf.

CXXVIII. Band. Die Schleif-, Polir- und Putzmittel für Metalle aller Art, Glas, Holz, Edelsteine, Horn, Schildpatt, Perlmutter, Steine 2c., ihr Vorkommen, ihre Eigenschaften, Herstell. u. Verwend., nebst Darstell. d. gebräuchlichsten Schleifvorrichtung. Ein Handbuch für techn. u. gewerbl. Schulen, Eisenwerke, Maschinenfabriken, Glas-, Metall- u. Holz-Industrielle, Gewerbetreibende u. Kaufleute. Von Vict. Wahlburg. Mit 66 Abbild. 23 Bog. 8. Eleg. geb. 2 fl. 50 kr. = 4 M. 50 Pf.

CXXIX. Band. Lehrbuch der Verarbeitung der Naphtha oder des Erdöles auf Leucht- und Schmieröle. Von F. A. Roßmäßler. Mit 25 Abbild. 8 Bog. 8. Eleg. geh. 1 fl. 10 kr. = 2 Mark.

CXXX. Band. Die Zinkätzung (Chemigraphie, Zinkotypie). Eine fassliche Anleit. nach b. neuesten Fortschritten alle in d. bekannten Manieren auf Zink- ein anderes Metall übertrag. Bilder hoch zu äzen u. f. d. typograph. Presse geeig. Druckplatten herzustellen. Von J. Husnik, k. k. Prof. am I. Staats-Realgymnasium in Prag. Mit 16 Abbild. und vier Tafeln. 12 Bog. 8. Eleg. geh. 1 fl. 65 kr. = 3 Mark.

CXXXI. Band. Die Fabrikation der Kautschuk- und Leimmasse-Typen, Stempel und Druckplatten, sowie die Verarbeitung des Korkes und der Korkabfälle. Darstellung der Fabrikation von Kautschuk- und Leimmasse-Typen und Stempel, der Celluloid-Stampiglien, der hiezu gehörigen Apparate, Vorrichtungen, der erforderlichen Stempelfarben, der Buch- und Steindruckwalzen, Fladerdruckplatten, elastischen Formen für Stein- und Gypsguß; ferner der Gewinnung, Eigenschaften und Verarbeitung des Korkes zu Pfropfen, der hierbei resultirenden Abfälle zu künstlichen Pfropfen, Korksteinen 2c. Von August Stefan. Mit 65 Abbild. 21 Bog. 8. Eleg. geb. 2 fl. 20 kr. = 4 Mark.

CXXXII. Band. Das Wachs und seine technische Verwendung. Darstellung der natürlichen animalischen und vegetabilischen Wachsarten, des Mineralwachses (Ceresin), ihrer Gewinnung, Reinigung, Verfälschung und Anwendung in der Kerzenfabrikation, zu Wachsblumen u. Wachsfiguren, Wachspapier, Salben u. Pasten, Pomaden, Farben, Lederschmieren, Fußbodenwichsen u. vielen anderen techn. Zwecken. Von Ludwig Sedna. Mit 33 Abbild. 10 Bog. 8. Eleg. geh. 1 fl. 35 kr. = 2 M. 50 Pf.

CXXXIII. Band. Asbest und Feuerschutz. Enthaltend: Vorkommen, Verarbeitung und Anwendung des Asbestes, sowie den Feuerschutz in Theatern, öffentlichen Gebäuden u. s. w., durch Anwendung von Asbestpräparaten, Imprägnirungen und sonstigen bewährten Vorkehrungen. Von Wolfgang Venerand. Mit 47 Abbild. 15 Bog. 8. Eleg. geh. 1 fl. 80 kr. = 3 M. 25 Pf.

CXXXIV. Band. Die Appreturmittel und ihre Verwendung. Darstellung aller in der Appretur verwendeten Hilfsstoffe, ihrer spec. Eigenschaften, d. Zubereitung zu Appreturmassen u. ihrer Verwend. z. Appretiren v. leinenen, baumwollenen, seidenen u. wollenen Geweben; feuerfichere u. wasserdichte Appreturen u. d. hauptsächl. maschinellen Vorrichtung. Ein Hand- u. Hilfsb. f. Appreteure, Drucker, Färber, Bleicher, Wäschereien. Von F. Pollehn. Mit 38 Abb. 25 Bg. 8. Eleg. geb. 2 fl. 50 kr. = 4 M. 50 Pf.

CXXXV. Band. Die Fabrikation von Rum, Arrak und Cognac und allen Arten von Obst- und Früchtenbranntweinen, sowie die Darstellung der besten Nachahmungen von Rum, Arrak, Cognac, Pflaumenbranntwein (Slibowitz), Kirschwasser u. s. w. Nach eigenen Erfahrungen geschild. von August Gaber, gepr. Chemiker u. prakt. Destillateur. M. 45 Abbild. 25 Bog. 8. Eleg. geh. 2 fl. 50 kr. = 4 M. 50 Pf.

CXXXVI. Band. Handb. d. prakt. Seifen-Fabrikat. Von Alwin Engelhardt. I. Band. Die in der Seifen-Fabrikat. angewend. Rohmaterialien, Maschinen und Geräthschaften. Mit 66 Abbild. 27 Bog. 8. Eleg. geh. 3 fl. 30 kr. = 6 Mark.

A. Hartleben's Verlag in Wien, Pest und Leipzig.

A. Hartleben's Chemisch-technische Bibliothek.

CXXXVII. Band. **Handb. d. prakt. Seifen-Fabrikat.** Von Alwin Engelhardt. II. Band. Die gesammte Seifen-Fabrikation nach dem neuesten Standpunkte der Praxis u. Wissenschaft. Mit 20 Abbild. 33 Bog. 8. Eleg. geh. 3 fl. 30 kr. = 6 Mark.

CXXXVIII. Band. **Handbuch der praktischen Papier-Fabrikation.** Von Dr. Stanislaus Mierzinski. Erster Band: Die Herstellung des Papiers aus Hadern auf der Papiermaschine. Mit 166 Abbild. u. mehr. Tafeln. 30 Bog. 8. Eleg. geh. 3 fl. 30 kr. = 6 Mark. (Siehe auch die Bände 141, 142.)

CXXXIX. Band. **Die Filter für Haus und Gewerbe.** Eine Beschreibung der wichtigsten Sand-, Gewebe-, Papier-, Kohle-, Eisen-, Stein-, Schwamm- u. s. w. Filter u. der Filterpressen. Mit besond. Berücksichtigung d. verschied. Verfahren zur Untersuchung, Klärung u. Reinigung d. Wassers u. d. Wasserversorgung von Städten. Für Behörden, Fabrikanten, Chemiker, Techniker, Haushaltungen u. s. w. bearbeitet von Richard Krüger, Ingenieur, Lehrer an den techn. Fachschulen der Stadt Buxtehude bei Hamburg. Mit 72 Abbild. 17 Bog. 8. Eleg. geh. 1 fl. 80 kr. = 3 M. 25 Pf.

CXL. Band. **Blech und Blechwaaren.** Prakt. Handbuch f. die gesammte Blechindustrie, f. Hüttenwerke, Constructions-Werkstätten, Maschinen- u. Metallwaaren-Fabriken, sowie f. d. Unterricht an technischen u. Fachschulen. Von Eduard Japing, Ingenieur u. Redacteur. Mit 125 Abbild. 28 Bog. 8. Eleg. geh. 3 fl. = 5 M. 40 Pf.

CXLI. Band. **Handbuch der praktischen Papier-Fabrikation.** Von Dr. Stanislaus Mierzinski. In drei Bänden.
Zweiter Band. Die Ersatzmittel der Hadern. Mit 114 Abbild. 21 Bog. 8. Eleg. geh. 2 fl. 20 kr. = 4 Mark. (Siehe auch Band 138 und 142.)

CXLII. Band. Dritter Band. Anleitung zur Untersuchung der in der Papier-Fabrikation vorkommenden Rohproducte. Mit 28 Abbild. 15 Bog. 8. Eleg. geh. 1 fl. 80 kr. = 3 M. 25 Pf. (Siehe auch Band 138 und 141.)

CXLIII. Band. **Wasserglas und Infusorienerde, deren Natur und Bedeutung für Industrie, Technik und die Gewerbe.** Von Hermann Kräzer. Mit 32 Abbild. 13 Bog 8. Eleg. geh. 1 fl. 65 kr. = 3 Mark.

CXLIV. Band. **Die Verwerthung der Holzabfälle.** Eingehende Darstellung der rationellen Verarbeitung aller Holzabfälle, namentlich der Sägespäne, ausgenützten Farbhölzer und Gerberrinden als Heizungsmaterialien, zu chemischen Producten, zu künstlichen Holzmassen, Explosivstoffen, in der Landwirthschaft als Düngemittel sowie zu vielen anderen technischen Zwecken. Ein Handbuch für Waldbesitzer, Holzindustrielle, Landwirthe zc. zc. Von Ernst Hubbard. Mit 35 Abbild. 14 Bog. 8. Eleg. geh. 1 fl. 65 kr. = 3 Mark.

CXLV. Band. **Die Malz-Fabrikation.** Eine Darstellung der Bereitung von Grün-, Luft- u. Darrmalz nach den gewöhnl. u. d. verschiedenen mechan. Verfahren. Von Karl Weber. Mit 77 Abbild. 22 Bog. 8. Eleg. geh. 2 fl. 50 kr. = 4 M. 50 Pf.

CXLVI. Band. **Chemisch-technisches Receptbuch für die gesammte Metall-Industrie.** Eine Sammlung ausgewählter Vorschriften für die Bearbeitung aller Metalle, Decoration u. Verschönerung daraus gefertigter Arbeiten, sowie deren Conservirung. Ein unentbehrl. Hilfs- u. Handbuch für alle Metall verarbeitenden Gewerbe. Von Heinrich Bergmann. 18 Bog. 8. Eleg. geh. 2 fl. 20 kr. = 4 Mark.

CXLVII. Band. **Die Gerb- und Farbstoff-Extracte.** Von Dr. Stanislaus Mierzinski. Mit 59 Abbild. 15 Bog. 8. Eleg. geh. 1 fl. 80 kr. = 3 M. 25 Pf.

CXLVIII. Band. **Die Dampf-Brauerei.** Eine Darstellung des gesammten Brauwesens nach dem neuesten Stande des Gewerbes. Mit besond. Berücksichtigung der Dickmaisch- (Decoctions-) Brauerei nach bayrischer, Wiener und böhmischer Braumethode und des Dampfbetriebes. Für Praktiker geschildert von Franz Cassian, Brauereileiter. Mit 55 Abbild. 24 Bog. 8. Eleg. geh. 2 fl. 75 kr. = 5 Mark.

CXLIX. Band. **Praktisches Handbuch für Korbflechter.** Enthaltend die Zurichtung der Flechtweiden und Verarbeitung derselben zu Flechtwaaren, die Verarbeitung des spanischen Rohres, des Strohes, die Herstellung von Sparteriewaaren, Strohmatten und Rohrdecken, das Bleichen, Färben, Lackiren und Vergolden der Flechtarbeiten, das Bleichen und Färben des Strohes u. s. w. Von Louis Edgar Andés. Mit 82 Abbild. 19 Bog. 8. Eleg. geh. 1 fl. 80 kr. = 3 M. 25 Pf.

CL. Band. **Handbuch der praktischen Kerzen-Fabrikation.** Von Alwin Engelhardt. Mit 58 Abbild. 27 Bog. 8. Eleg. geh. 3 fl. 30 kr. = 6 Mark.

CLI. Band. **Die Fabrikation künstlicher plastischer Massen,** sowie der künstlichen Steine, Kunststeine, Stein- und Cementgüsse. Eine ausführliche Anleitung zur Herstellung aller Arten künstlicher plastischer Massen aus Papier, Papier- und Holzstoff, Cellulose, Holzabfällen, Gyps, Kreide, Leim, Schwefel, Chlorzink und vielen anderen, bis nun wenig verwendeten Stoffen, sowie des Stein- und Cementgusses unter Berücksichtigung der Fortschritte bis auf die jüngste Zeit. Von Johannes Höfer. Mit 44 Abbild. 19 Bog. 8. Eleg. geh. 2 fl. 20 kr. = 4 Mark.

CLII. Band. **Die Färberei à Ressort und das Färben der Schmuckfedern.** Leichtfassliche Anleitung, gewebte Stoffe aller Art neu zu färben oder umzufärben und Schmuckfedern zu appretiren und zu färben. Von Alfred Brauner. Mit 13 Abbild. 12 Bog. 8. Eleg. geh. 1 fl. 65 kr. = 3 Mark.

CLIII. Band. **Die Brillen, das dioptrische Fernrohr und Mikroskop.** Ein Handbuch für praktische Optiker von Dr. Carl Neumann. Nebst einem Anhange, enthaltend die Burow'sche Brillen-Scala und das Wichtigste aus dem Productions- und Preisverzeichnisse der Glasschmelzerei für optische Zwecke von Schott & Gen in Jena. Mit 95 Abbild. 17 Bog. 8. Eleg. geh. 2 fl. 20 kr. = 4 Mark.

A. Hartleben's Verlag in Wien, Pest und Leipzig.

A. Hartleben's Chemisch-technische Bibliothek.

CLIV. Band. Die Fabrikation der Silber- und Quecksilber-Spiegel oder das Belegen der Spiegel auf chemischem und mechanischem Wege. Von Ferdinand Cremer. Mit 37 Abbild. 12 Bog. 8. Eleg. geb. 1 fl. 65 kr. = 3 Mark.

CLV. Band. Die Technik der Radirung. Eine Anl. z. Radiren u. Aetzen auf Kupfer. Von J. Koller, k. k. Professor. 11 Bog. 8. Eleg. geb. 1 fl. 65 kr. = 3 Mark.

CLVI. Band. Die Herstellung der Abziehbilder (Metachromatypie, Decalcomanie) der Blech- und Transparentdrucke nebst der Lehre vom Uebertragungs-, Um- u. Ueberdruckverfahren. Von Wilhelm Langer. Mit 8 Abbild. 13 Bog. 8. Eleg. geb. 1 fl. 65 kr. = 3 Mark.

CLVII. Band. Das Trocknen, Bleichen, Färben, Bronziren und Vergolden natürlicher Blumen und Gräser sowie sonstiger Pflanzentheile und ihre Verwendung zu Bouquets, Kränzen und Decorationen. Ein Handbuch für praktische Gärtner, Industrielle, Blumen- und Bouquetsfabrikanten. Auf Grund langjähriger praktischer Erfahrungen zusammengestellt von W. Braunsdorf. Mit 4 Abbild. 12 Bog. 8. Eleg. geb. 1 fl. 65 kr. = 3 Mark.

CLVIII. Band. Die Fabrikation der deutschen, französischen und englischen Wagen-Fette. Leichtfasslich geschildert für Wagenfett-Fabrikanten, Seifen-Fabrikanten, für Interessenten der Fett- und Oelbranche. Von Hermann Kräzer. Mit 24 Abbild. 13 Bog. 8. Eleg. geb. 1 fl. 65 kr. = 3 Mark.

CLIX. Band. Haus-Specialitäten. Von Adolf Bomačka. Mit 12 Abbild. 15 Bog. 8. Eleg. geb. 1 fl. 65 kr. = 3 Mark.

CLX. Band. Betrieb der Galvanoplastik mit dynamo-elektrischen Maschinen zu Zwecken der graphischen Künste von Ottomar Volkmer. Mit 47 Abbild. 16 Bog. 8. Eleg. geb. 2 fl. 20 kr. = 4 Mark.

CLXI. Band. Die Rübenbrennerei. Dargestellt nach den praktischen Erfahrungen der Neuzeit von Hermann Briem. Mit 14 Abbild. und einem Situationsplane. 13 Bog. 8. Eleg. geb. 1 fl. 65 kr. = 3 Mark.

CLXII. Band. Das Aetzen der Metalle für kunstgewerbliche Zwecke. Nebst einer Zusammenstellung der wichtigsten Verfahren zur Verschönerung geätzter Gegenstände. Nach eigenen Erfahrungen unter Benützung der besten Hilfsmittel bearbeitet von H. Schuberth. Mit 24 Abbild. 17 Bog. 8. Eleg. geb. 1 fl. 80 kr. = 3 M. 25 Pf.

CLXIII. Band. Handbuch der praktischen Toiletteseifen-Fabrikation. Praktische Anleitung zur Darstellung aller Sorten von deutschen, englischen und französischen Toiletteseifen, sowie der medicinischen Seifen, Glycerinseifen und der Seifenspecialitäten. Unter Berücksichtigung der hierzu in Verwendung kommenden Rohmaterialien, Maschinen und Apparate. Von Alwin Engelhardt. Mit 107 Abbildungen. 31 Bog. 8. Eleg. geb. 3 fl. 30 kr. = 6 Mark.

CLXIV. Band. Praktische Herstellung von Lösungen. Ein Handbuch zum raschen und sicheren Auffinden der Lösungsmittel aller technisch und industriell wichtigen festen Körper, sowie zur Herstellung von Lösungen solcher Stoffe für Techniker und Industrielle. Von Dr. Theodor Koller. Mit 16 Abbild. 23 Bog. 8. Eleg. geb. 2 fl. 50 kr. = 4 M. 50 Pf.

CLXV. Band. Der Gold- und Farbendruck auf Calico, Leder, Leinwand, Papier, Sammet, Seide und andere Stoffe. Ein Lehrbuch des Hand- und Pressvergoldens, sowie des Farben- und Bronzedruckes. Nebst Anhang: Grundriss der Farbenlehre und Ornamentik. Zum Gebrauche für Buchbinder, Hand- und Pressvergolder, Lederarbeiter und Buntpapierdrucker mit Berücksichtigung der neuesten Fortschritte und Erfahrungen bearbeitet von Eduard Grosse. Mit 102 Abbild. 18 Bog. 8. Geh. 2 fl. 20 kr. = 4 Mark.

CLXVI. Band. Die künstlerische Photographie. Nebst einem Anhange über die Beurtheilung und technische Behandlung der Negative photographischer Porträte und Landschaften, sowie über die chemische und artistische Retouche, Momentaufnahmen und Magnesiumblitzbilder. Von C. Schiendl. Mit 38 Abbild. und einer Lichtdrucktafel. 22 Bog. 8. Geh. 2 fl. 50 kr. = 4 M. 50 Pf.

CLXVII. Band. Die Fabrikation der nichttrübenden ätherischen Essenzen und Extracte. Vollständige Anleitung zur Darstellung der sogenannten extrastarken, in 50%igem Sprit löslichen ätherischen Oele, sowie der Mischungs-Essenzen, Extract-Essenzen, Frucht-Essenzen und der Fruchtäther. Nebst einem Anhange: Die Erzeugung der in der Liqueur-Fabrikation zur Anwendung kommenden Farbtincturen. Ein Handbuch für Fabrikanten, Materialwaarenhändler und Kaufleute. Auf Grundlage eigener Erfahrungen praktisch bearbeitet von Heinrich Popper. Mit 15 Abbild. 18 Bog. 8. Geh. 1 fl. 80 kr. = 3 M. 25 Pf.

CLXVIII. Band. Das Photographiren. Ein Rathgeber für Amateure und Fachphotographen bei Erlernung und Ausübung dieser Kunst. Mit Berücksichtigung der neuesten Erfindungen und Verbesserungen auf diesem Gebiete. Herausgegeben von J. F. Schmid. Mit 54 Abbild. und einer Farbendruck-Beilage. 19 Bog. 8. Geh. 2 fl. 20 kr. = 4 Mark.

CLXIX. Band. Oel- und Buchdruckfarben. Praktisches Handbuch für Firniss- und Farbenfabrikanten enthaltend das Reinigen und Bleichen des Leinöles nach verschiedenen Methoden, Nachweisung der Verfälschungen desselben sowie der zu Farben verwendeten Körper; ferner die Fabrikation der Leinölfirnisse, der Oel- und Firnissfarben für Anstriche jeder Art, der Kunstölfarben (Malerfarben), der Buchdruckfirnisse, der Flamm- und Lampenruße, der Buchdruckschwärzen und bunten Druckfarben, nebst eingehender Beschreibung aller maschinellen Vorrichtungen. Unter Zugrundelegung langjähriger eigener Erfahrungen und mit Benützung aller seitherigen Neuerungen und Erfindungen leichtfasslich dargestellt von Louis Edgar Andés, Lack- und Firnissfabrikant. Mit 56 Abbild. 19 Bog. 8. Geh. 2 fl. 20 kr. = 4 Mark.

A. Hartleben's Verlag in Wien, Pest und Leipzig.

A. Hartleben's Chemisch-technische Bibliothek.

CLXX. Band. Chemie für Gewerbetreibende. Eine Darstellung der Grundlehren der chemischen Wissenschaft und deren Anwendung in den Gewerben. Von Dr. Friedrich Rottner. Mit 70 Abbild. 33 Bog. 8. Geh. 3 fl. 30 kr. = 6 Mark.

CLXXI. Band. Theoretisch-praktisches Handbuch der Gas-Installation. Von D. Coglievina, Ingenieur. Mit 70 Abbild. 23 Bog. 8. Geh. 2 fl. 50 kr. = 4 M. 50 Pf.

CLXXII. Band. Die Fabrikation und Raffinirung des Glases. Genaue, übersichtliche Beschreibung der gesammten Glasindustrie, wichtig für den Fabrikanten, Raffineur, als auch für das Betriebsaufsichtspersonal, mit Berücksichtigung der neuesten Errungenschaften auf diesem Gebiete und auf Grund eigener, vielseitiger, praktischer Erfahrungen bearbeitet von Wilhelm Mertens. Mit 86 Abbild. 27 Bog. 8. Geh. 3 fl. = 5 M. 40 Pf.

CLXXIII. Band. Die internationale Wurst- und Fleischwaaren-Fabrikation. Nach den neuesten Erfahrungen bearbeitet von Nicolaus Merges. Mit 29 Abbild. 13 Bog. 8. Geh. 1 fl. 65 kr. = 3 Mark.

CLXXIV. Band. Die natürlichen Gesteine, ihre chemisch-mineralogische Zusammensetzung, Gewinnung, Prüfung, Bearbeitung und Conservirung. Für Architekten, Bau- und Bergingenieure, Baugewerks- und Steinmetzmeister, sowie für Steinbruchbesitzer, Baubehörden u. s. w. Von Richard Krüger, Bauingenieur. Erster Band. Mit 7 Abbild. 18 Bog. 8. Geh. 2 fl. 20 kr. = 4 Mark.

CLXXV. Band. Die natürlichen Gesteine u. s. w. Von Richard Krüger. Zweiter Band. Mit 109 Abbild. 20 Bog. 8. Geh. 2 fl. 20 kr. = 4 Mark.

CLXXVI. Band. Das Buch des Conditors oder Anleitung zur praktischen Erzeugung der verschiedensten Artikel aus dem Conditoreifache. Buch für Conditore, Hotels, große Küchen und für das Haus, enthält 589 der vorzüglichsten Recepte von allen in das Conditoreifach einschlagenden Artikeln. Von Franz Urban, Conditor. Mit 37 Tafeln. 30 Bog. 8. Geh. 3 fl. 30 kr. = 6 Mark.

CLXXVII. Band. Die Blumenbinderei in ihrem ganzen Umfange. Die Herstellung sämmtlicher Bindereiartikel und Decorationen, wie Kränze, Bouquets, Guirlanden zc. Ein Handbuch für praktische Gärtner, Industrielle, Blumen- und Bouquetsfabrikanten. Auf wissenschaftlichen und praktischen Grundlagen bearbeitet von W. Braunsdorf. Mit 61 Abbild. 20 Bog. 8. Geh. 2 fl. 20 kr. = 4 Mark.

CLXXVIII. Band. Chemische Präparatenkunde. Handbuch der Darstellung und Gewinnung der am häufigsten vorkommenden chemischen Körper. Für Techniker, Gewerbetreibende und Industrielle. Von Dr. Theodor Koller. Mit 20 Abbild. 25 Bog. 8. Geh. 2 fl. 20 kr. = 4 Mark.

CLXXIX. Band. Das Gesammtgebiet der Vergolderei, nach den neuesten Fortschritten und Verbesserungen. Die Herstellung von Decorationsgegenständen aus Holz, Steinpappe, Gußmasse; ferner die Anleitung zur echten und unechten Glanz- und Mattvergoldung von Holz, Eisen, Marmor, Sandstein, Glas u. s. w., sowie zum Versilbern, Bronziren und Faßmalen und der Herstellung von Holz-, Cuivre poli-, Porzellan- und Majolika-Imitation. Die Fabrikation und Verarbeitung der Leisten. Von Otto Rentzsch, Vergolder. Mit 70 Abbild. 15 Bog. 8. Geh. 2 fl. 20 kr. = 4 Mark.

CLXXX. Band. Praktischer Unterricht in der heutigen Putzfedernfärberei, Lappenfärberei mit Küpenführung und chemische und Naßwäscherei. Von Louis Lau, praktischer Färbermeister. 12 Bog. 8. Geh. 1 fl. 65 kr. = 3 Mark.

CLXXXI. Band. Taschenbuch bestbewährter Vorschriften für die gangbarsten Handverkaufsartikel der Apotheken und Drogenhandlungen. Unter Mitarbeiterschaft Th. Kindermanns verfaßt von Ph. Mr. Adolf Bomačka. 8 Bog. 8. Geh. 80 kr. = 1 M. 50 Pf.

CLXXXII. Band. Die Herstellung künstlicher Blumen und Pflanzen aus Stoff und Papier. 1. Band: Die Herstellung der einzelnen Pflanzentheile, wie: Laub-, Blumen- und Kelchblätter, Staubfäden und Pistille. Ein Handbuch für Blumenarbeiterinnen, Modistinnen, Blumen- und Bouquetsfabrikanten. Unter Berücksichtigung der neuesten Fortschritte auf diesem Gebiete bearbeitet von W. Braunsdorf. Mit 110 Abbild. 19 Bog. 8. Geh. 2 fl. 20 kr. = 4 Mark.

CLXXXIII. Band. Die Herstellung künstlicher Blumen und Pflanzen aus Stoff und Papier. 2. Band. Die Herstellung künstlicher Blumen, Gräser, Palmen, Farrenkräuter, Blattpflanzen und Früchte. Ein Handbuch für Blumenarbeiterinnen, Modistinnen, Blumen- und Bouquetfabrikanten. Unter Berücksichtigung der neuesten Fortschritte auf diesem Gebiete bearbeitet von W. Braunsdorf. Mit 50 Abbild. 19 Bog. 8. Geh. 2 fl. 20 kr. = 4 Mark.

CLXXXIV. Band. Die Praxis der Anilin-Färberei und Druckerei auf Baumwoll-Waaren. Bestehend aus in neuerer und neuester Zeit in die Praxis in Aufnahme gekommenen Herstellungsmethoden: Echtfärberei mit Anilinfarben, das Anilinschwarz und andere auf der Faser selbst zu entwickelnde Farben. Anwendung der Anilinfarben zum Zeugdruck. Von W. H. Soxhlet, Färberei-Chemiker. Mit 13 Abbild. 26 Bog. 8. Geh. 3 fl. 30 kr. = 6 Mark.

CLXXXV. Band. Die Untersuchung von Feuerungs-Anlagen. Eine Anleitung zur Anstellung von Heizversuchen von Hans Freiherr Jüptner v. Jonstorff, Correspondent der k. geologischen Reichsanstalt, Chemiker der Oesterr. alpinen Montangesellschaft zc. Mit 49 Abbild. 34 Bog. 8. Geh. 3 fl. 30 kr. = 6 Mark.

CLXXXVI. Band. Die Cognac- und Weinsprit-Fabrikation, sowie die Trester- und Hefebranntwein-Brennerei. Von Antonio dal Piaz. Mit 37 Abbildungen. 12 Bog. 8. Geh. 1 fl 65 kr. = 3 Mark.

A. Hartleben's Verlag in Wien, Pest und Leipzig.

A. Hartleben's Chemisch-technische Bibliothek.

CLXXXVII. Band. Das Sandstrahl-Gebläse im Dienste der Glasfabrikation. Genaue übersichtliche Beschreibung des Mattirens und Verzierens der Hohl- und Tafelgläser mittelst des Sandstrahles, unter Zuhilfenahme von verschiedenartigen Schablonen u. Umdruckverfahren m. genauer Skizzirung aller neuesten Apparate und auf Grund eigener, vielseitiger und praktischer Erfahrungen verfaßt von Wilhelm Mertens. Mit 27 Abbild. 7 Bog. 8. Geh. 1 fl. 10 kr. = 2 Mark.

CLXXXVIII. Band. Die Steingutfabrikation. Für die Praxis bearbeitet von Gustav Steinbrecht. Mit 86 Abbild. 16 Bog. 8. Geh. 2 fl. 20 kr. = 4 Mark.

CLXXXIX. Band. Die Fabrikation der Leuchtgase nach den neuesten Forschungen. Ueber Stein- und Braunkohlen-, Torf-, Holz-, Harz-, Oel-, Petroleum-, Schiefer-, Knochen-, Walkfett- und den neuesten Wasser- und carbonisirten Leuchtgasen. Verwerthung der Nebenproducte, wie alle Leuchtgastheere, Leuchtgastheeröle, Ammoniakwässer, Coke und Retortenrückstände. Nebst einem Anhange: Ueber die Untersuchung der Leuchtgase nach den neuesten Methoden. Ein Handbuch für Gasanstalten Ingenieure, Chemiker und Fabrikanten. Von Dr. Georg Thenius in Wr.-Neustadt. Mit 155 Abbild. 40 Bog. 8. Geh. 4 fl. 40 kr. = 8 Mark.

CLXXXX. Band. Anleitung zur Bestimmung des wirksamen Gerbstoffes in den Naturgerbstoffen rc. Von Carl Scherf. 6 Bog. 8. Geh. 1 fl. 10 kr. = 2 Mark.

CLXXXXI. Band. Die Farben zur Decoration von Steingut, Fayence und Majolika. Eine kurze Anleitung zur Bereitung der farbigen Glasuren auf Hartsteingut, Fayence und auf ordinärem Steingut, Majolika, der Farbflüsse, der Farbkörper, Unterglasurfarben, Aufglasurfarben, für feingelbe Fayencen, sog. Steingutscharffeuer-Farben, Majolikafarben rc., sowie kurze Behandl. sämmtl. zur Bereit. nöthigen Rohmaterialien. Bearbeitet von C. B. Swoboda. 9 Bog. 8. Geh. 1 fl. 65 kr. = 3 Mark.

CLXXXXII. Band. Das Ganze der Kürschnerei. Gründliches Lehrbuch alles Wissenswerthen über Waarenkunde, Zurichterei, Färberei und Bearbeitung der Pelzfelle. Von Paul Cubaeus, praktischer Kürschnermeister. Mit 72 Abbild. 28 Bog. 8. Geh. 3 fl. 30 kr. = 6 Mark.

CLXXXXIII. Band. Die Champagner-Fabrikation und Erzeugung imprägnirter Schaumweine. Von Ant. dal Piaz. Oenotechn. Mit 63 Abb. 18 Bog. 8. Geh. 2 fl. 20 kr. = 4 Mark.

CLXXXXIV. Band. Die Negativ-Retouche nach Kunst- und Naturgesetzen. Mit besonderer Berücksichtigung der Operation: (Beleuchtung, Entwicklung, Exposition) und des zu photographirenden Publicums. Ein Lehrbuch der künstlerischen Retouche für Berufsphotographen und Retoucheure. Von Hans Arnold, Photograph. Mit 52 Abbild. 34 Bog. 8. Geh. 3 fl. 30 kr. = 6 Mark.

CLXXXXV. Band. Die Vervielfältigungs- und Copir-Verfahren nebst den dazu gehörigen Apparaten und Utensilien. Nach praktischen Erfahrungen und Ergebnissen dargestellt von Dr. Theodor Koller. Mit 23 Abbild. 16 Bog. 8. Geh. 1 fl. 65 kr. = 3 Mark.

CLXXXXVI. Die Kunst der Glasmasse-Verarbeitung. Genaue übersichtliche Beschreibung der Herstellung aller Glasgegenstände, nebst Skizzirung der wichtigsten Stadien, welche die einzelnen Gläser bei ihrer Erzeugung durchzumachen haben. Nach eigener, langjähriger Praxis beschrieben und illustrirt von Franz Fischer. Mit 277 Abbild. 11 Bogen. 8. Geh. 2 fl. 20 kr. = 4 Mark.

CLXXXXVII. Band. Die Kattun-Druckerei. Ein praktisches Handbuch der Bleicherei, Färberei, Druckerei und Appretur der Baumwollgewebe. Unter Berücksichtigung der neuesten Erfindungen und eigenen, langjähr. Erfahrungen herausgegeben v. B. F. Wharton, Colorist u. B. H. Soxhlet, Chemiker. Mit 30 gedruckten Kattunproben, deren genaue Herstellung im Texte des Buches enthalten ist, und 39 Abbildungen der neuesten Maschinen, welche heute in der Kattun-Druckerei Verwendung finden. 25 Bog. 8. Geh. 4 fl. = 7 Mark 20 Pf.

CLXXXXVIII. Band. Die Herstellung künstlicher Blumen aus Blech, Wolle, Band, Wachs, Leder, Federn, Chenille, Haaren, Perlen, Fischschuppen, Muscheln, Moos und anderen Stoffen. Praktisches Lehr- und Handbuch für Modistinnen, Blumenarbeiterinnen und Fabrikanten. Mit Benützung der neuesten und bewährtesten Hilfsmittel und unter Berücksichtigung aller Anforderungen der Gegenwart geschildert von W. Braunsdorf. Mit 30 Abbild. 14 Bog. 8. Geh. 1 fl. 65 kr. = 3 Mark.

CLXXXXIX. Band. Praktischer Unterricht in der heutigen Wollenfärberei. Enthaltend Wäscherei und Carbonisirung, Alizarin-, Holz-, Säure-, Anilin- und Waldküpen-Färberei für lose Wolle, Garne und Stücke. Von Louis Lau und Alwin Hampe, praktische Färbermeister. 12 Bog. 8. Geh. 1 fl. 35 kr. = 2 M. 50 Pf.

CC. Band. Die Fabrikation der Stiefelwichse und der Lederconservirungsmittel. Praktische Anleitung zur Herstellung von Stiefel- und Schuhwichsen, Lederappreturen, Lederlacken, Lederschwärzen, Ledersalben, Lederfetten, Oberleder- und Sohlenconservirungsmitteln u. s. w., u. s. w. Für Fußbekleidungen, Riemenzeug, Pferdegeschirre, Lederwerk und Wagen, Militär-Ausrüstungsgegenstände u. s. w. Von L. E. Andés. Mit 19 Abbild. 18 Bog. 8. Geh. 2 fl. 20 kr. = 4 Mark.

CCI. Band. Fabrikation, Berechnung und Visiren der Fässer, Bottiche und anderer Gefässe. Hand- und Hilfsbuch für Böttcher, Binder und Faßfabrikanten, Büttner, Schäffler Küfer, Küber und Andere. Von Otto Voigt. Mit 104 Abbild. und Tabellen. 22 Bog. 8. (Geb

CCII. Band. Die Technik der Bildhauerei oder Praktische Anleitung zur Hervorbringung plastischer Kunstwerke. Zum Selbstgebrauche sowie zur Benützung in Kunst- und Gewerbeschulen Von Eduard Uhlenhuth, Bildhauer des Ritter-Denkmals in Quedlinburg rc. rc. Mit 33 Abbild

Jeder Band ist einzeln zu haben. In eleganten Ganzleinwandbänden, Zuschlag pro Band 45 Kr. = 80 Pf. zu den oben bemerkten Preisen.

A. Hartlebens Verlag in Wien, Pest und Leipzig.

Reprint Publishing

Für Menschen, Die Auf Originale Stehen.

Bei diesem Buch handelt es sich um einen Faksimile-Nachdruck der Originalausgabe. Unter einem Faksimile versteht man die mit einem Original in Größe und Ausführung genau übereinstimmende Nachbildung als fotografische oder gescannte Reproduktion.

Faksimile-Ausgaben eröffnen uns die Möglichkeit, in die Bibliothek der geschichtlichen, kulturellen und wissenschaftlichen Vergangenheit der Menschheit einzutreten und neu zu entdecken.

Die Bücher der Faksimile-Edition können Gebrauchsspuren, Anmerkungen, Marginalien und andere Randbemerkungen aufweisen sowie fehlerhafte Seiten, die im Originalband enthalten sind. Diese Spuren der Vergangenheit verweisen auf die historische Reise, die das Buch zurückgelegt hat.

ISBN 978-3-95940-084-8

Faksimile-Nachdruck der Originalausgabe
Copyright © 2015 Reprint Publishing
Alle Rechte vorbehalten.

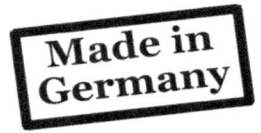

www.reprintpublishing.com

www.ingramcontent.com/pod-product-compliance
Lightning Source LLC
Chambersburg PA
CBHW071159240526
45470CB00017B/382